Reiseführer

Schwarzwald

von Michael Mantke und Rolf Goetz

ADAC Top Tipps

Das müssen Sie gesehen haben! Die zehn Top Tipps bringen Sie zu den absoluten Highlights.

ADAC Empfehlungen

Unterwegs gut beraten: Diese 25 ausgesuchten Empfehlungen machen Ihren Urlaub perfekt.

Preise für ein DZ mit Frühstück:
€ | bis 110 €
€€ | bis 160 €
€€€ | ab 160 €

Preise für ein Hauptgericht:
€ | bis 15 €
€€ | bis 28 €
€€€ | ab 28 €

Intro

ADAC Quickfinder

Hier finden Sie die Orte, Sehenswürdigkeiten und Attraktionen, die perfekt zu Ihnen passen.

Unterwegs

18

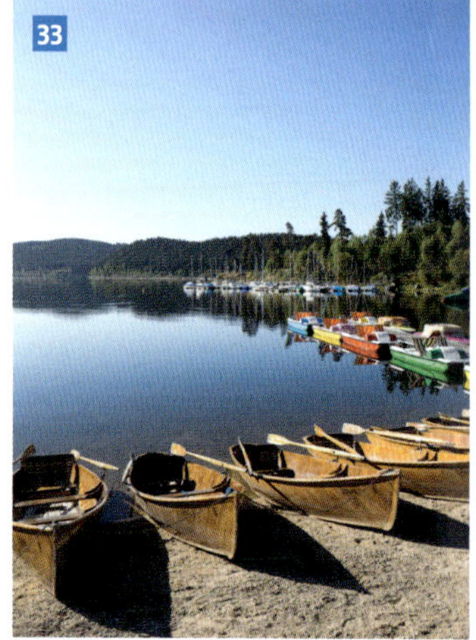

33

Service

Alle wichtigen reisepraktischen Informationen – von der Anreise über Notrufnummern bis hin zu den Zollbestimmungen.

Zu diesen Orten und Sehenswürdigkeiten finden Sie Detailkarten im Innenteil des Reiseführers.

Umschlag:

ADAC Top Tipps: Vordere Umschlagklappe, innen 1

ADAC Empfehlungen: Hintere Umschlagklappe, innen 2

Übersichtskarte Nord: Vordere Umschlagklappe, innen 3
Übersichtskarte Süd: Hintere Umschlagklappe, innen 4

Stadtplan Freiburg: Hintere Umschlagklappe, außen 5
Ein Tag in Freiburg: Vordere Umschlagklappe, außen 6

Im Land der Bollenhüte und Kuckucksuhren

Im Sommer ein Genuss, in der kalten Jahreszeit ein Paradies für Wintersportler – der Schwarzwald ist vielseitig

Der idyllische Mummelsee am Rand des Nationalparks Schwarzwald

Der Schwarzwald ist eine der reizvollsten deutschen Ferienregionen – davon überzeugen sich jährlich fast 7 Mio. Besucher, darunter Aktivurlauber und Familien ebenso wie Erholungssuchende und Feinschmecker. Gleichzeitig ist er mit rund 6000 km² das flächenmäßig größte und mit dem Feldberg (1493 m) auch das höchste deutsche Mittelgebirge. Die sanft gerundeten Hügelkuppen der Region sind zu 60 % von dichtem Wald bedeckt – auch wenn Orkan Lothar 1999 rund 10 % des Bestandes entwurzelte. Die Natur ließ sich davon nicht beeindrucken, und ihre Selbstheilungskräfte lassen sich heute auf dem Erlebniswanderweg »Lotharpfad« im Nationalpark Schwarzwald beobachten.

Zwischen Berg und Tal gibt es großartige Naturschönheiten zu entdecken.

Dunkle Tannen spiegeln sich in klaren eiszeitlichen Seen, etwa in dem sagenumwobenen Mummelsee am Fuß der Hornisgrinde (1164 m) oder im Wilden See nahe Ruhestein. Die Triberger Wasserfälle sind die höchsten Deutschlands und stürzen 163 m zu Tal. Nicht weniger sehenswert ist der Todtnauer Wasserfall im Südschwarzwald.

Mondäne Bäderkultur

Neben spektakulären Landschaften lockt die klare Schwarzwaldluft Gäste in die Region. Wohltuend sind auch die an die Oberfläche drängenden Thermalquellen. Nirgendwo sonst in Deutschland finden sich mehr Kurorte auf so engem Raum. Die Therme von Baden-Baden stand bereits bei römischen Legionären hoch im Kurs. Das ebenfalls mondäne Bad Wildbad machte sich im 19. Jh. als repräsentativ herausgeputztes Staatsbad einen Namen, und Badenweiler im Markgräflerland wartet mit einem milden Klima auf, in dem subtropische Pflanzen für geradezu mediterranes Flair sorgen.

Mittelalterliche Städte, kleine Dörfer

Doch auch die Ortschaften und Städte des Schwarzwalds lohnen einen Besuch – von der Goldstadt Pforzheim im Norden bis zur inoffiziellen Hauptstadt der Region, der Universitätsstadt Freiburg mit ihrem stolzen Münsterturm. In den Talgründen im Inneren der hügeligen Waldgebiete reihen sich klei-

Die Triberger Wasserfälle im Gutachtal (unten), Caracalla-Therme in Baden-Baden (ganz unten)

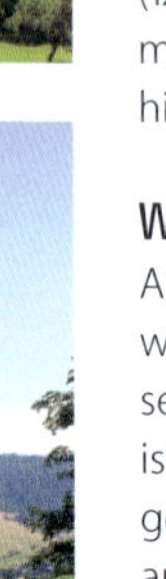

Augustinerplatz mit »Bächle« in Freiburg (oben), Kloster St. Trudpert im Münstertal (Mitte), traditionelles Schwarzwälder Bauerngehöft (unten)

nere Orte mit sehenswerten Kirchen und Klöstern wie Perlen in tiefgrüner Fassung aneinander. Besucher sollten sich Zeit nehmen, um berühmte Sakralbauten wie die frühklassizistische Kuppelkirche von St. Blasien oder das Kloster St. Peter am Fuß des Kandel (1241 m) zu besichtigen. Hinzu kommen zahlreiche kleine Ortschaften mit historischen Stadtkernen.

Wo der Kuckuck ruft

Als Ferienregion pflegt der Schwarzwald liebevoll die Klischees, die mit seinem Namen verbunden sind. So ist der Kuckuck nicht nur in den hiesigen Wäldern zu Hause, er schmückt auch etliche Wohnstuben in Form von Kuckucksuhren – eine Erfolgsgeschichte der lokalen Handwerkskunst, die im sehenswerten Deutschen Uhrenmuseum in Furtwangen nachgezeichnet wird.

Ein weiteres Wahrzeichen der Region ist der Bollenhut, der als Teil der bäu-

erlichen Tracht des Gutachtals weltweit bekannt ist. Heute kann man Bollenhüte vor allem bei festlichen Anlässen, wie Hochzeiten, sehen oder in einem der vielen Heimatmuseen, etwa im Trachtenmuseum in Haslach.
Ausgesprochen lebendig ist die Tradition der alemannischen Fasnet. Vom »Gompige Dunschtig«, dem Schmutzigen Donnerstag, bis zum Aschermittwoch ziehen die Narren zu den scheppernden Klängen von Schellen und Schnarren durch die Straßen der Schwarzwaldstädtchen.
Architektonisches Markenzeichen der Region ist das Schwarzwaldhaus, zu bewundern etwa im sehenswerten Freilichtmuseum Vogtsbauernhof im Gutachtal. Unter dem mit Stroh oder Schindeln gedeckten Walmdach, das bis fast auf den Boden hinabreicht, sind riesige Wohn- und Wirtschaftsräume vereint.

Wander- und Wintersportparadies

30 000 km lohnende erschlossene Wanderstrecken durchziehen den Schwarzwald. Zu den schönsten gehören die zertifizierten »Premiumwanderwege« und »Genießerpfade«. Zu Fuß lassen sich die Schönheiten des Schwarzwalds am besten erkunden. Die Routen führen vorbei an herrlichen Fernsichten und an beeindruckenden Tälern und dunklen Schluchten, wie der tief eingekerbten Wutachschlucht bei Titisee-Neustadt oder der wildromantischen Ravennaschlucht im Höllental.
Doch auch für andere Aktivitäten ist der Schwarzwald ein ideales Ziel. Auf dem Tourenrad oder Mountainbike, im Kanu oder beim Wintersport lässt sich die Region unter ganz neuen Perspektiven erleben. Die Einheimischen sind seit jeher sportbegeistert, insbesondere wenn es ums Skifahren geht. Und

Die bekannteste der Schwarzwald-Trachten: die Bollenhüte aus dem Gutachtal

als die »Schwarzwaldadler« Martin Schmitt und Sven Hannawald beim Skispringen rund um die Jahrtausendwende immer neue Rekordweiten erzielten, gerieten Fans in ganz Deutschland ins Jubeln.

> *In keinem anderen Land strahlt die Sonne heller, ist der Himmel blauer als hier.*
>
> Johann Wolfgang von Goethe über die Ortenau

Wein- und Genussland

Eine ganz besondere Attraktion der Schwarzwaldregion ist auch die traditionell hervorragende Küche. So gilt etwa die Schwarzwaldstube in Baiersbronn als einer der besten Feinschmeckertempel der Republik. Und auch der Hirschen in Sulzburg oder der Schwarze Adler auf dem Kaiserstuhl sind wahre Pilgerziele des Gourmettourismus.

Doch überall im »Ländle« tafelt man überdurchschnittlich gut. Die Wurzeln der Schwarzwälder Küche sind vielfältig: Sie kombiniert gekonnt typisch Badisches und Schwäbisches mit Anleihen aus den Nachbarländern Schweiz und Frankreich, ohne dabei ihren bodenständigen Charakter aufzugeben. Dazu genießt man am besten ein »Viertele« aus den sonnenverwöhnten badischen Weinregionen – der Ortenau, dem Kaiserstuhl oder dem Markgräflerland. Eine deftige Delikatesse ist der Schwarzwälder Schinken, Weltruhm erlangte aber eine andere Spezialität der Region: die Schwarzwälder Kirschtorte.

Ausblick auf die Burg Staufen über die Weinberge im Markgräflerland

Touristische Infrastruktur

Der Schwarzwald ist touristisch hervorragend erschlossen, die verstecktesten Täler ebenso wie die Bergregionen. Durch die einen führen gut ausgebaute, teils malerische Panoramastraßen wie die Schwarzwaldhochstraße, auf die anderen führen Seilbahnen und Lifte. Ein verlässliches Netz an Bus- und Bahnlinien macht es Besuchern zudem leicht, im Urlaub das Auto stehen zu lassen. Fahrten mit der Schwarzwaldbahn oder der Höllentalbahn sind nicht nur für Eisenbahnfans ein wunderbares Erlebnis.

Unterkünfte gibt es für jeden Geschmack und Geldbeutel. Vom Schlafen im Weinfass, über Ferien auf dem Bauernhof bis zum Luxus eines Fünf-Sterne-Hotels mit Gourmet-Küche ist alles möglich.

Inoffizielle Hauptstadt Freiburg

Fläche 6009 km²

Einwohner ca. 3,4 Mio.

Tourismus Jährlich rund 21,5 Mio. Übernachtungen

Religion etwa 30 % römisch-katholisch, 30 % evangelisch

Bevölkerungsdichte ca. 560 pro km²

Wichtigster Wirtschaftszweig Tourismus

Wanderwege 30 000 km

Anzahl Schwarzwälder Genießerpfade 35

Längster Fernwanderweg Westweg (1900 angelegt auf 285 km Länge)

Flussnetz Es gibt nicht nur hohe Berge, sondern auch ein 1140 km langes Flussnetz im Schwarzwald

Exportschlager Schwarzwälder Kirschtorte, Kuckucksuhren, Badische Weine

Anzahl Michelin-Sterne in der Region 38

Alter der ältesten Tanne im Schwarzwald ca. 300 Jahre

Das will ich erleben

Der Schwarzwald ist Deutschlands beliebtestes Mittelgebirge. Sehenswerte Landschaften sowie zahlreiche Freizeit- und Sportmöglichkeiten machen diese Urlaubsregion zum abwechslungsreichen Erlebnis. Schluchten und Wasserfälle stehen bei Schwarzwald-Besuchern ebenso hoch im Kurs wie Kirchen, Klöster oder die Gipfel von Feldberg und Belchen mit ihren beeindruckenden Panoramaaussichten. Entspannende Thermen und Wellnesshotels sowie Sterne-Küchen in feinsten Restaurants locken zudem Genießer und Erholungssuchende aus aller Welt.

18

Spaß für die ganze Familie

Der Schwarzwald ist ideal für einen abwechslungsreichen Familienurlaub. Überall finden sich spannende Attraktionen, besonders für Kinder. In der Fundorena auf dem Feldberg darf auch bei schlechtem Wetter nach Herzenslust geklettert werden. In Titisee-Neustadt kommen Wasserratten voll auf ihre Kosten, und der Europa-Park verspricht Spaß und Nervenkitzel für die ganze Familie.

11

Entspannung und Erholung

Baden in den heilsamen Thermalquellen des Schwarzwalds hat eine lange Tradition: Schon die alten Römer wussten die entspannende Wirkung der Quellen zu schätzen. In Bad Wildbad haben bereits Adlige und namhafte Politiker verweilt. Die Caracalla-Therme in Baden-Baden und die Cassiopeia-Therme in Badenweiler bieten besonders komfortables Badevergnügen.

Den Schwarzwald zu Fuß entdecken

Es gibt zahllose faszinierende Wanderwege im Schwarzwald. Vom kurzen Rundweg wie dem Martin-Heidegger-Rundweg in Todtnau bis zum Fernwanderweg ist für jeden Geschmack etwas dabei. Eine Besonderheit im Schwarzwald sind die »Genießerpfade«, die jeweils einem thematischen Schwerpunkt folgen.

Seen und Wasserfälle

Der Schwarzwald hat herrliche Seen zu bieten, die im Sommer zum entspannten Baden einladen. Doch auch die beeindruckenden Wasserfälle der Region wie in Triberg oder in Todtnau locken jedes Jahr Tausende von Besuchern an.

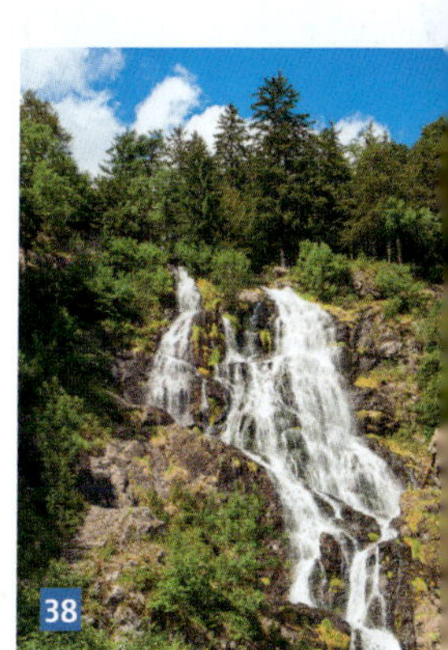

Einkaufslust

Ein Souvenir aus dem Schwarzwald darf natürlich nicht fehlen. Kuckucksuhren finden sich im Eble Uhren-Park in Triberg. Edler Schmuck kann in der riesigen Schmuckwelt in Pforzheim erworben werden. Und eine gute Flasche Badischen Weins aus dem Kaiserstuhl findet sicher auch ihren Anklang.

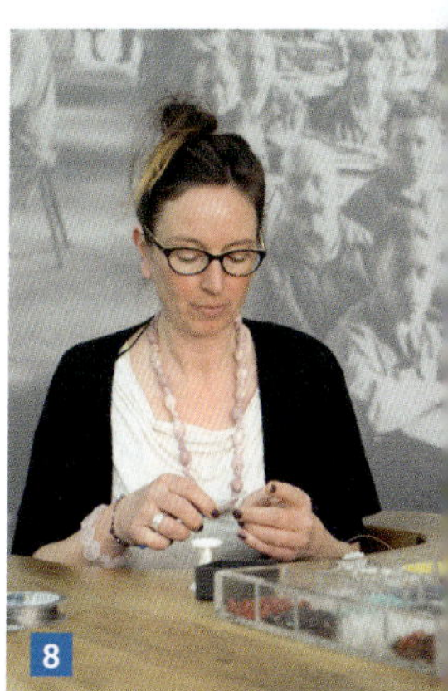

Kulinarische Hochgenüsse

Der Schwarzwald zählt zu den größten Feinschmeckerregionen Deutschlands. In Baiersbronn ist die Sterne-Dichte besonders hoch. Badische Straußenwirtschaften bieten Genießern eine traditionelle kulinarische Auszeit.

Faszination Kuckucksuhr

Die Kuckucksuhr ist einer der größten Exportschlager des Schwarzwalds. Ob traditionell oder modern – die Uhren gibt es mittlerweile in allen Formen und Farben. In Schonach findet sich die größte Kuckucksuhr der Welt, in Furtwangen wird ihre Geschichte erzählt.

Aktiv im Winter

Der Schwarzwald bietet hervorragende Wintersportmöglichkeiten. Besonders schneesicher sind die Höhen im Süden rund um den Feldberg. Die »Schwarzwald-Adler« können beim Weltcupspringen in Hinterzarten bestaunt werden. Aber auch die Skiarena Schwarzwaldhochstraße im Norden bietet Wintervergnügen satt.

Kirchen und Klöster

Viele Kirchen und Klöster der Region zeigen eindrucksvoll das Können von Baumeistern und Künstlern vergangener Jahrhunderte. Das Freiburger Münster mit seinen Originalfenstern aus dem 13. und 14. Jh. gilt als Gotikjuwel. Der Dom in St. Blasien beeindruckt mit der größten Kuppel im Schwarzwald, und St. Peter ist nur eines von vielen Beispielen prunkvoller Klosterarchitektur.

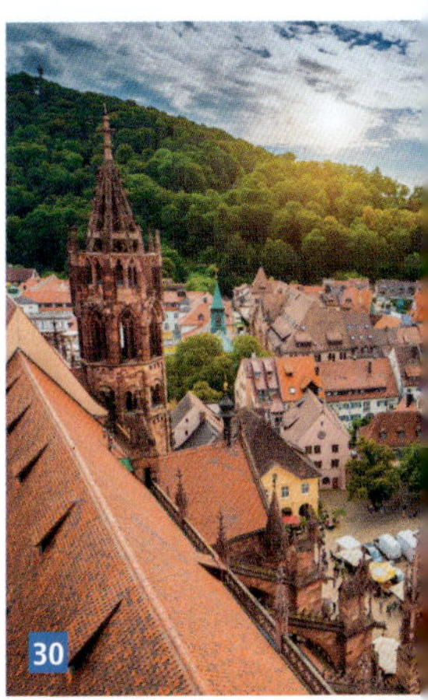
30

Burgen und Ruinen

Die meisten großen Schlösser und Burgen im Schwarzwald wurden im Laufe der Jahrhunderte zerstört. Doch auch die Festungsruinen zeugen noch von einstiger Größe. So zählt die Hochburg Emmendingen zu den schönsten im Bundesland.

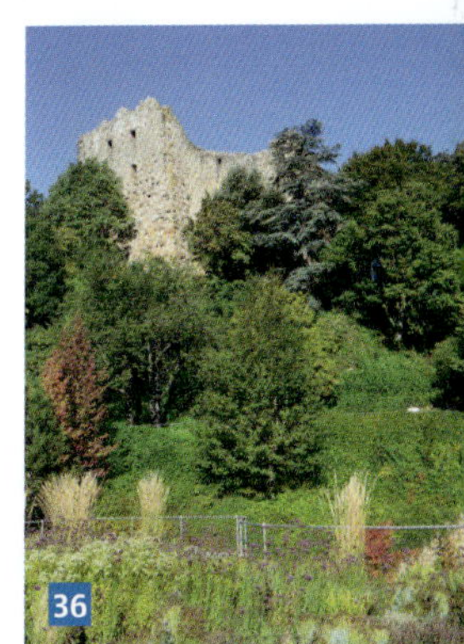
36

Weinseligkeit

Die Weinberge im Schwarzwald sind überregional bekannt und beliebt. Im Breisgau haben sich der Müller-Thurgau und der Glottertaler Weißherbst einen Stammplatz erobert. Aus dem Kaiserstuhl stammen Ruländer und Weißburgunder.

29

Unterwegs

Der Inbegriff der Schwarzwald-Romantik: Sattgrüne Landschaften mit einsamen Gehöften laden zum Wandern und Durchatmen ein

Nordschwarzwald – Erholung und Genuss pur

Sterne-Küche auf höchstem Niveau, ein beeindruckendes Wellness-Angebot und der erste Nationalpark des Landes

Der Nordschwarzwald ist berühmt für seine Wellness- und Bäderkultur, hervorragende Sterne-Küche, aber auch für beeindruckende Natur entlang der Schwarzwaldhochstraße und dem Nationalpark Schwarzwald.

Für das Wohlbefinden sorgen zahlreiche Thermalquellen, die hier an die Oberfläche drängen. Nirgendwo sonst in Deutschland versammeln sich mehr Kurorte auf so kleinem Raum. Die Therme von Baden-Baden stand bereits bei römischen Legionären hoch im Kurs.

Eine besondere und ganz eigenständige Attraktion der Region ist das gute Essen. Zahlreiche Sterne-Köche mit hervorragenden Restaurants tummeln sich in diesem Teil des Schwarzwalds. So gilt die Schwarzwaldstube in Baiersbronn als einer der besten Feinschmeckertempel der Republik.

Für Naturliebhaber bieten sich entlang der ältesten Ferienstraße Deutschlands herrliche Ausblicke und Naturerlebnisse der ganz besonderen Art. Kleinode wie der Wilde See und naturbelassene Wanderpfade in Baden-Württembergs erstem Nationalpark warten auf ihre Entdeckung.

Klöster und beeindruckende Fachwerke finden sich in hübschen Orten wie Calw und Altensteig im Nagoldtal. Apropos Gold – Pforzheim wird ihrem Ruf als Goldstadt mehr als gerecht.

In diesem Kapitel:

ADAC Top Tipps:

Caracalla-Therme, Baden-Baden

| Thermalbad |

Die moderne Wellness- und Thermallandschaft mit Wasserfall und Heilwasser-Pools bietet Entspannung und Badevergnügen. 18

Nationalpark Schwarzwald

| Naturerlebnis |

Baden-Württembergs erster Nationalpark zeigt sich landschaftlich spannend und wild. Unberührte Bannwälder, zauberhafte Landschaften und eine einzigartige Tierwelt nehmen Besucher vom ersten Schritt an gefangen. 27

ADAC Empfehlungen:

Lotharpfad

| Wanderung |

Die Selbstheilungskräfte der Natur nach den Verwüstungen von Orkan Lothar hautnah erleben. 25

Hauffs Märchenmuseum, Baiersbronn

| Museum |

In dem liebevoll gestalteten Museum können Besucher auf den Spuren Wilhelm Hauffs und seiner fantasiereichen Erzählungen wandeln. 29

Traube Tonbach Schwarzwaldstube, Baiersbronn

| Restaurant |

Die bekannte Adresse für Feinschmecker mit drei Michelin-Sternen bietet Genuss auf höchstem Niveau. 30

Baumkronenweg Waldkirch

| Aussichtsplattform |

Eine der schönsten Aussichtsplattformen im gesamten Schwarzwald mit herrlicher Fernsicht. 40

Moknis Palais Hotels, Bad Wildbad

| Hotel |

Elegantes Hotel mit feinem Restaurant und mit freiem Eintritt ins prachtvolle Badehaus Palais Thermal. 45

1 Baden-Baden

Mondänes Weltbad und Treffpunkt der Hautevolee

Die Caracalla-Therme in Baden-Baden bietet viel Platz für wohltuende Entspannung

Information

- Tourist Information, Schwarzwaldstr. 52, 76530 Baden-Baden, Tel. 07221/275200, www.baden-baden.de
- Parken: siehe S. 23

Kuranlagen, klassizistische Villen und exklusive Hotels betonen die gediegene Atmosphäre von Baden-Baden, die an den Glanz der Belle Époque des 19. Jh. anknüpft. Damals galt das Heilbad im Oostal, das sich zur Rheinebene hin öffnet, als »Sommerhauptstadt Europas«. Noch heute ist der Kur- und Bäderbetrieb der wichtigste Wirtschaftszweig des mit 4600 Gästebetten größten Ferienortes im Schwarzwald. Große Events wie die Iffezheimer Galopprennen oder die Gala zur Wahl der Sportler des Jahres machen die sympathische Kurstadt zu einem Treff von Prominenz und Jetset aus aller Welt.

Sehenswert

Caracalla-Therme

| Therme |

Das Bad von Welt – ein Erlebnis für die ganze Familie

Die Caracalla-Therme, eines der größten Erlebnisbäder Deutschlands mit weitläufiger Pool- und Saunaland-

Plan S. 20 

schaft, bietet Badegenuss pur. Auf einer Fläche von 4000 m² verteilen sich etliche Sprudel-, Kalt- und Heißwasserbecken, Whirlpools und ein Strömungskanal. Rundum wohlfühlen kann man sich auch in Fangoschlamm-Bädern oder im Aroma-Dampfbad. Das Wasser für die Therme kommt mit einer Temperatur von bis zu 68 °C direkt aus der Erde.

■ Römerplatz 1, Tel. 07221/275940, www.caracalla.de, tgl. 8–22 Uhr, Eintritt ab 15 €

2 Neues Schloss

| Schloss |

Das Neue Schloss thront auf dem Florentinerberg in 212 m Höhe über der Stadt. Die ehemals gotische Burg wurde 1479 von Markgraf Christoph I. zur Residenz erhoben und unter Philipp II. 1573–75 zu einem Renaissancepalast umgebaut. Nach dem großen Brand von 1689 fiel der Wiederaufbau weitaus weniger prunkvoll aus. Von der Schlossterrasse genießt man einen herrlichen Ausblick über die Dächer der Stadt. Das Innere ist nicht zugänglich, die Anlage wird zurzeit in ein exklusives Hyatt-Luxushotel umgewandelt.

■ Schlossstr. 22, www.baden-baden.de

3 Stiftskirche Peter und Paul

| Kirche |

Gegenüber dem Rathaus erhebt sich die dreischiffige Stiftskirche Peter und Paul, die ab dem 13. Jh. auf den Resten einer römischen Therme errichtet wurde. Der Chor des sehenswerten Kirchenbaus diente ab Ende des 14. Jh. als Grablege der badischen Markgrafen.

■ Marktplatz 15, tgl. 8–18 Uhr

4 Friedrichsbad

| Therme |

Das 1877 eröffnete Friedrichsbad gilt auch heute noch als eines der schönsten Bäder Europas. Die Rundbogenfenster der Fassade sind von der italienischen Hochrenaissance beeinflusst. Das Schmuckstück des originalgetreu restaurierten Badehauses, das römisch-irisches Badevergnügen an 17 verschiedenen Stationen bietet, ist ein von italienischem Marmor eingefasstes rundes Bewegungsbad mit herrlicher Kuppel.

■ Römerplatz 1, Tel. 07221/275940, www.carasana.de/de/friedrichsbad.html, tgl. 9–22 Uhr, Eintritt ab 23 €

5 Fabergé Museum

| Museum |

Das Fabergé-Museum ist dem Schaffen des berühmten Juweliers und Goldschmieds Carl Peter Fabergé (1846–1920) gewidmet. Highlight der kleinen Sammlung ist ein hochkarätiges, sündhaft teures Osterei aus Gold und Edelsteinen aus dem Besitz der russischen Zarenfamilie.

■ Sophienstr. 30, Tel. 072 21/97 08 90, www.faberge-museum.de, tgl. 10–18 Uhr, Eintritt 18 €, erm. ab 8 €

6 Festspielhaus

| Konzerthaus |

Mit Platz für 2500 Gäste gehört das Festspielhaus zu den größten dieser Art in Europa. Verantwortlich für den Bau zeichnete der Wiener Architekt Wilhelm Holzbauer, der es verstand, den modernen Kulturtempel mit der Eingangshalle des Alten Bahnhofs aus dem späten 19. Jh. zu einem harmonischen Gebäude zu verbinden. Das wegen seiner brillanten Akustik viel gerühmte Haus ist Bühne für Stars wie Cecilia Bartoli oder Anne-Sophie Mutter. Höhepunkte im Konzertjahr sind die Pfingstfestspiele und die Sommerfestspiele.

■ Beim alten Bahnhof 2, Tel. 072 21/30130, www.festspielhaus.de

7 Kurhaus

| Architektur |

Das Kurhaus wurde in den Jahren 1821–24 von Friedrich Weinbrenner

Das Roulette im Casino Baden-Baden drehte sich schon Anfang des 19. Jh.

als repräsentativer Zweiflügelbau im Geiste des Klassizismus errichtet. Zentraler Blickfang ist der auf acht korinthischen Säulen ruhende, doch ansonsten schlicht gehaltene Mittelbau. Der dahinter liegende Weinbrennersaal ist mit edlen Materialien und funkelnden Kristalllüstern prachtvoll ausgestattet. Der rechte Flügel des Kurhauses wurde von Bühnenarchitekt Charles Séchan im Stil der französischen Königsschlösser ausgebaut und beherbergt heute die Spielbank.

■ Kaiserallee 1, Tel. 072 21/35 32 02, www.kurhaus-baden-baden.de

8 Casino Baden-Baden

| Casino |

Jedes Jahr versuchen rund 600 000 Gäste bei Roulette, Black Jack, Poker oder an Spielautomaten ihr Glück. Die vier historischen Säle – Wintergarten, Roter Saal, Florentiner Saal und Salon Pompadour – sind mit Skulpturen, Stuck, Kronleuchtern und Deckengemälden überbordend ausgestattet. Besonders edel präsentiert sich der Rote Saal, dessen Wände nach dem Vorbild von Versailles mit rotem und goldenem Seidendamast bespannt sind.

■ Kaiserallee 1, Tel. 072 21/302 40, www.casino-baden-baden.de

9 Theater Baden-Baden

| Theater |

Das Theater ist ein von Charles Couteau im neobarocken Stil der Pariser Oper entworfener Prachtbau. Zu seiner Einweihung 1862 wurde Hèctor Berlioz' Oper »Béatrice und Bénédict« uraufgeführt. Heute werden vor allem moderne Inszenierungen gespielt.

■ Goetheplatz, Tel. 072 21/93 27 00, www.theater-baden-baden.de

10 Kunsthalle Baden-Baden

| Ausstellung |

Die staatliche Kunsthalle hat keine eigenen Bestände, sondern zeigt wech-

Die Pferderennen in Iffezheim begeistern bereits seit über 150 Jahren die Fans

selnde Kunst- und Architekturausstellungen von internationalem Rang.
■ Lichtentaler Allee 8a, Tel. 072 21/30 07 64 00, www.kunsthalle-baden-baden.de, Di–So 10–18 Uhr, Eintritt 7 €, erm. 5 €

11 Museum Frieder Burda

| Museum |

Der New Yorker Architekt Richard Meier gestaltete diesen schnörkellosen Neubau in Weiß und Glas für das Museum Frieder Burda. Seit 2004 ist die Stiftung des Baden-Badener Kunstsammlers hier beheimatet. Die Sammlung umfasst mittlerweile rund 1000 Bilder, Skulpturen und Objekte der klassischen Moderne und zeitgenössischen Kunst. Darunter befinden sich Gemälde von Ernst Ludwig Kirchner und August Macke, zahlreiche Bilder aus dem Spätwerk Picassos, Werke des amerikanischen Expressionismus, vertreten etwa durch Mark Rothko und Willem de Kooning, sowie Arbeiten der deutschen Künstler Gerhard Richter (*1932) und Sigmar Polke (1941–2010). All diese Schätze werden in wechselnden Ausstellungen präsentiert.
■ Lichtentaler Allee 8, Tel. 072 21/ 39 89 80, www.museum-frieder-burda.de, Di–So 10–18 Uhr, Eintritt 13 €, erm. 11 €

Verkehrsmittel

MerkurBergbahn Die MerkurBergbahn ist mit Steigungen zwischen 23 % und 54 % eine der längsten und steilsten Standseilbahnen Deutschlands. Sie verbindet Baden-Baden mit seinem Hausberg Merkur. ■ Talstation: Merkuriusberg 2, Mo–So 10–22 Uhr, Eintritt 4 €, erm. 2 € (Berg- und Talfahrt)

Parken

In Zentrumsnähe parkt es sich am günstigsten in der Kurparkgarage, der Vincenti-Garage, dem Parkhaus Wagener und in der Kongresshaus-Garage.

Restaurants

€€ | **Leo's** Citylokal im Bistrostil mit jungem Publikum. Mediterrane Küche, Tagesgerichte und große Weinkarte. ■ Luisenstr. 8–10, Tel. 07221/38081, www.leos-baden-baden.de, Plan S. 20 b2

€€ | **Zum Alde Gott** Feine badische Küche wie Ochsenbäckle, Forelle und Zander sind die kulinarischen Highlights des Landgasthofs inmitten von Weinbergen ■ Weinstr. 10, Neuweier, Tel. 07223/5513, www.zum-alde-gott.de, Mo–Mi, Sa–So 12–14, 18.30–22, Fr 18.30–22 Uhr, Plan S. 20 südwestl. a3

€€€ | **Medici** Heimeliges Fin de Siècle-Ambiente mit separatem Zigarrenkabinett und Internet-Lounge. Die internationale Küche offeriert Trendkost von Tartar bis Sushi. ■ Augustaplatz 8, Tel. 07221/2006, www.medici.de, Mo–So ab 18 Uhr, Plan S. 20 b3

Cafés

Café König Charmantes Kaffeehaus mit großzügigem Innenraum und toller Terrasse mit vorzüglichem Torten und Confiserie-Angebot. ■ Lichtentaler Str. 12, Tel. 07221/23573, www.chocolatier.de, tgl. 8.30–18.30 Uhr, Plan S. 20 b3

Einkaufen

Für einen herrlichen Einkaufsbummel eignen sich die Fußgängerzonen **Lange Straße**, die **Gernsbacher Str.** und **Sophienstraße** mit ihren Edeljuwelieren, edlen Boutiquen und einer facettenreichen Geschäftswelt, die ihresgleichen sucht.

Im Blickpunkt

Galopprennen von Iffezheim

Die Stadt Baden-Baden hat dem Franzosen Edouard Bénazet viel zu verdanken. Nicht nur, dass er die hiesige Spielbank zu einem Treffpunkt des europäischen Adels und Geldadels machte. Im schmucken Dörfchen Iffezheim, 12 km nordwestlich der Bäderstadt, initiierte er ein Rennsportereignis von internationalem Rang. Seit dem 5. September 1858 erfreut sich das Spektakel ungebrochener Popularität.

Dreimal im Jahr, während des »Frühjahrs-Meetings« im Mai, bei der »Großen Woche« im August und September und beim »Sales & Racing Festival« im Oktober, ziehen die Galopprennen von Iffezheim die Zuschauer in ihren Bann. Die Buchmacher vermelden alljährlich hohe Wetteinsätze und die Rennpreise klettern auf immer neue Höchstmarken. Und neben den Pferden gibt es auch ein extravagantes Publikum zu sehen, das die neuesten Modekreationen und Hüte vorführt und sich am Frühstücksbuffet mit Lachshäppchen und Champagner verköstigt. Prädikat: sehenswert!

Baden Racing GmbH, Tel. 07229/1870, www.baden-racing.com

ADAC *Mittendrin*

Der musikkulturelle Höhepunkt in der Bäderstadt sind die seit 1997 alljährlich stattfindenden Herbert von Karajan **Pfingstfestspiele** mit Opern, Konzerten und anderen Musikveranstaltungen im Festspielhaus. Seit 2003 wird im Rahmen der Festspiele der Herbert-von-Karajan-Musikpreis verliehen. *www.festspielhaus.de*

Kneipen, Bars und Clubs

Monte Christo Tapas Bar Ein Hauch Spanien: Die gute Weinauswahl und fantastische Tapas überzeugen wie der schöne Innenhof. ■ Eichstr. 5, Tel. 072 21/39 34 34, www.monte-christo-baden-baden.de, Di–So 18–1 Uhr, Plan S. 20 b3

2 Schwarzwald-hochstraße

Deutschlands Panoramaroute par excellence

 Information

■ Besucherzentrum, Straßburger Str. 349, 72250 Freudenstadt-Kniebis, Tel. 074 42/75 70, www.kniebis.de

Die Schwarzwaldhochstraße führt über 60 km über den Kamm des Nordschwarzwaldes von Freudenstadt nach Baden-Baden und ist eine der schönsten Panoramastraßen der Region. Die 1930 fertiggestellte Straße gilt nicht nur als älteste touristische Route Deutschlands, sondern auch als eine der landschaftlich reizvollsten. Die viel gepriesene Schönheit hat allerdings ihren Preis: An sonnigen Wochenenden und in der Skisaison muss hier mit zäh fließendem Stop-and-Go-Verkehr gerechnet werden; aus Gründen des Umweltschutzes gilt auf der Strecke generell ein Tempolimit von 70 km/h.

 Sehenswert

Mummelsee

| See |

Der Mummelsee war einst ein Mythen umranktes, ruhiges Gewäser, in dem der Sage nach eine Nixe lebte. Eine Statue der Mehrjungfrau am Ufer des kleinen Sees zeugt davon. Heute finden sich vor Ort auch ein Hotel, zwei Restaurants, ein Bootsverleih und mehrere Souvenirshops.

Klosterruine Allerheiligen

| Ruine |

Die sehenswerte, frühgotische Klosterruine Allerheiligen stammt aus dem 12. Jh und liegt oberhalb der 83 m hohen, siebenstufigen Allerheiligenwasserfälle, die vom Lierbach gespeist werden. Über einen Rundweg am unteren Parkplatz startend können Kloster und Wasserfälle über Holzbrücken und Treppenstufen erwandert werden.

■ Allerheiligen 6, Oppenau, Tel. 078 04/12 00 www.oppenau.de

Wilder See

| See |

In der Nähe des Euting-Grabes beginnt der steile Abstieg zum Wilden See, einem der vielleicht idyllischsten Orte im Nordschwarzwald. Der schmale Pfad durch den Bannwald über Felsen und umgestürzte Bäume erfordert Trittsicherheit und gutes Schuhwerk. Die Belohnung ist ein malerisch gelegener, ruhiger See, umgeben von dichtem Wald, der zum Verweilen einlädt.

■ Abstieg zum See nahe dem Euting-Grab, 2 km nordöstlich vom Ausflugszentrum Ruhestein

Lotharpfad

| Wanderweg |

1 *Erlebnispfad, der die unbändige Kraft der Natur vor Augen führt*

Als am zweiten Weihnachtsfeiertag 1999 Orkan Lothar mit 200 km/h über

Kloster Allerheiligen: Teile des Langhauses und der Sakristei sind noch gut zu erkennen

ADAC *Wussten Sie schon?*

Der Professor und Arabien-Experte **Julius Euting** war ein großer Förderer des Schwarzwaldvereins und gilt als »Ruhesteinvater«. Die Umgebung der Passhöhe Ruhestein war sein bevorzugtes Wandergebiet. Nach Eutings Tod wurde die Urne auf seinen Wunsch hin oberhalb des Wilden Sees am Bergrücken des Seekopfs bestattet. Aufgrund seiner testamentarischen Verfügung wird jedes Jahr am 11. Juli, dem Geburtstag Eutings, jedem Passanten am Grab sein Lieblingsgetränk, ein arabischer Mokka, ausgeschenkt.

Baden-Württemberg hinwegfegte, hinterließ er in Teilen des Schwarzwaldes eine Schneise der Zerstörung und 40 000 ha Kahlfläche. 2003 wurde beim Schliffkopf an der Schwarzwaldhochstraße der Lotharpfad eröffnet. Über Stege, Leitern und Treppen können Besucher entlang des 800 m langen Erlebnispfads beobachten und erfahren, wie sich die Natur allmählich regeneriert – auch ohne Eingriffe des Menschen. Eine Plattform bietet herrliche Blicke über den Nordschwarzwald.
■ Wanderparkplatz Lotharpfad, Buslinie F2 Haltestelle Lotharpfad, www.schwarzwaldhochstrasse.de/22-0-Lotharpfad-.html

Restaurants

€ | Darmstädter Hütte Preiswerte, sehr schöne Wanderhütte mit regionalen deftigen Speisen nahe dem Naturschutzgebiet Wilder See. ■ Schwarzwaldhochstr. 5, Seebach, Tel. 078 42/22 47, www.darmstaedter-huette.de, tgl. 10–18 Uhr, April–Nov. Di geschl.

3 Sasbachwalden

Pittoreskes Blumen- und Weindorf mit vielen Feinschmeckeradressen

Information

■ Kurverwaltung, Talstr. 51, 77887 Sasbachwalden, Tel. 078 41/10 35, www.sasbachwalden.de

Der zwischen Weinbergen gebettete Kneipp- und Heilklimakurort in 280 m Höhe am Fuß der Hornisgrinde präsentiert sich mit schmucken Fachwerkhäusern wie aus dem Bilderbuch. Auf Balkonen und in hübschen Vorgärten blühen im Sommer Petunien und leuchtend gelbe Pantoffelblumen um die Wette. Besonders malerisch zeigt sich die Region Mitte April, wenn die umliegenden Kirschbaumwiesen von einem zartweißen Blütenschleier überzogen sind.

Sehenswert

Brigittenschloss

| Ruine |
Die Burgruine Hohenrode thront hoch über Sasbachwalden und wird im Volksmund »Brigittenschloss« genannt. Im 11. Jh. errichtet, eröffnet sich von der Ruine ein toller Ausblick in die Rheinebene bis zu den Vogesen. Von der Burg selbst sind noch die Reste eines Turms, einer Wohnung und der Umfassungsmauer erhalten.
■ 3 km östl. von Sasbachwalden

Badische Genussmeile

| Panoramastraße |
22 Restaurants, Gasthöfe, Vesperstuben und vier Weingüter reihen sich entlang der 7 km langen Talstraße bis

zum 800 m hoch gelegenen Ortsteil Brandmatt. Von bodenständiger, internationaler und badisch-elsässischer Küche bis hin zur Michelin-Sterne-Kochkunst findet sich für jeden Gaumen das Passende.

■ www.sasbachwalden.de/wein-genuss/die-badische-genussmeile

Restaurants

€€ | Restaurant Sonne Das älteste Gasthaus Sasbachwaldens empfängt die Gäste in gemütlichem Ambiente und bietet Leckeres aus der regionalen Küche. ■ Talstr. 32, Tel. 078 41/252 58, www.sonne-sbw.de, Mo, Di, Fr–So 10–14.30, 17.30–21 Uhr

€€€ | Hotel Restaurant Engel Die gehobene Kochkunst von Küchenchef Christian Mamber wurde bereits mehrfach ausgezeichnet und bietet neben internationaler Küche auch feine badische und elsässische Gerichte. ■ Talstr. 14, Sasbachwalden, Tel. 078 41/30 00, www.engel-sasbachwalden.de, Jan.–März Mi–So 8–23, April–Dez. Di–So 8–23 Uhr

Wandern

Alde-Gott-Panoramarunde Schwarzwälder Genießerpfad in Form einer traumhaften 10 km langen Panoramarunde um Sasbachwalden. Die ausgezeichnete Route beginnt an der Gaishölle-Schlucht, die über 13 Brücken und 225 Stufen durchwandert wird. Fünf Gasthöfe, herrliche Ausblicke und ein Besuch der Alde Gott Winzer eG erwarten die Wanderer.

ADAC *Spartipp*

Sasbachwalden ist eine von 140 Ortschaften im Schwarzwald, in denen die **Konus-Gästekarte** gilt. Sie ermöglicht die kostenfreie Nutzung von Bussen und Bahnen des ÖPNV.

4 Nationalpark Schwarzwald

Natur pur – Baden-Württembergs erster Nationalpark

Information

■ Nationalpark Schwarzwald, Schwarzwaldhochstraße 2, 77889 Seebach, Tel. 074 49/92 99 80, www.schwarzwald-nationalpark.de

Der Nationalpark Schwarzwald ist der erste und bisher einzige Nationalpark in Baden-Württemberg. 2014 nach zweijähriger Diskussionsphase gegründet, umfasst er insgesamt rund 10 000 ha Waldfläche. Ziel des Nationalparks, der aus zwei großen, zusammenhängenden Arealen besteht, ist es, die Waldgebiete vor Eingriffen zu schützen, damit sich die Natur nach ihren Gesetzen entwickeln kann. Es werden weder Bäume gefällt, noch Pflanzen gesät. Der Wald wird hier als Gegenpol zu Kultur und Zivilisation verstanden und soll sich selbst überlassen bleiben. Wanderwege und Erlebnispfade führen durch den Nationalpark und seine beeindruckenden Bannwälder.

Sehenswert

Nationalparkzentrum Ruhestein
| Ausstellung |
Auf 900 m Höhe gibt das Nationalparkzentrum Ruhestein mit einer Dauer-

ADAC *Mobil*

Ab 2,40 € pro Person und Tag kann der **Nahverkehr** im gesamten Nationalparkgebiet kostengünstig genutzt werden. Der Park ist sehr gut über verschiedene Buslinien zu erreichen (Linie 245 von Baden-Baden, F11 von Freudenstadt). Mit dem Pkw erfolgt die Anreise über die Schwarzwaldhochstraße (B500).

ausstellung spannende Einblicke in die Natur, die Geologie und die Geschichte des Nordschwarzwaldes. 2016 starteten die Bauarbeiten für ein neues Nationalparkzentrum – ein Gebäude, das in seiner Form an übereinander gestapelte Stämme und Äste erinnern wird. Das Gebäude, das 2019 eröffnen soll, wird eine große Ausstellung, Gastronomie und einen Shop beherbergen. Ein Skywalk wird in den Baumkronenbereich des 120 Jahre alten Tannen- und Fichtenwaldes führen.

■ Nationalpark Schwarzwald, Schwarzwaldhochstraße 2, Seebach, Tel. 07449/92998444, www.schwarzwald-nationalpark.de, Mai–Sept. Di–So 10–18, Okt.–April Di–So 10–17 Uhr

Kinder

Junior Ranger Kindern zwischen fünf und zwölf Jahren bietet der Nationalpark die Möglichkeit, Natur hautnah zu erleben. In verschiedenen Kursen lernen sie mitten in der Natur die Tiere und Pflanzen des Waldes kennen und erfahren, wie man diese schützt.
■ Schwarzwaldhochstraße 2, Seebach, Tel. 07449/92998401, www.schwarzwald-nationalpark.de

Wandern

Wildnispfad Der 4,5 km lange Erlebnispfad führt eindrucksvoll die geballte Kraft der Natur vor Augen, denn nach Sturm Lothar im Jahr 1999 wurde hier nicht aufgeräumt. Der Pfad ver-

Im Blickpunkt

Der Borkenkäfer

Der Borkenkäfer spielt eine wichtige Rolle im Ökosystem des Waldes, denn er zersetzt fortwährend organisches Material. Waldbesitzer nehmen ihn jedoch meist als Parasit wahr aufgrund der großen Schäden, die einige Arten nach Massenvermehrungen anrichten können. Genau aus diesem Grund war der Borkenkäfer von Anfang an einer der Hauptstreitpunkte bei der Planung des Nationalparks Schwarzwald. Denn während die Insekten in Kulturwäldern bei übermäßigem Befall zum vorzeitigen Fällen der Bäume zwingen, werden sie im Nationalpark aufgrund ihrer wichtigen Rolle im Ökosystem nicht bekämpft und respektiert wie jedes andere Lebewesen auch. Der Borkenkäfer gilt hier als »Strukturgestalter«. Um zu verhindern, dass er auf die angrenzenden Wirtschaftswälder übergreift, fand man eine Kompromisslösung: Um den Nationalpark Schwarzwald wurde eine 500 m breite Pufferzone eingerichtet, in der der Borkenkäfer engmaschig überwacht wird.

Hochburg der deutschen Spitzengastronomie: Baiersbronn im malerischen Murgtal

läuft auch über umgestürzte Bäume hinweg, was vor allem für Kinder ein großer Spaß ist. Festes Schuhwerk ist empfehlenswert. Die Gehzeit beträgt ca. 3 Stunden. ■ Startpunkt am Parkplatz an der B500 am Hotel Plättig

5 Baiersbronn

Beliebtes Urlaubs- und Erholungsgebiet und einzigartige Gourmetmeile

Information

■ Baiersbronn Touristik, Rosenplatz 3, 72270 Baiersbronn, Tel. 074 42/841 40, www.baiersbronn.de

»Mehr Schwarzwald gibt's nirgends!« Der Erfolg scheint dem kecken Slogan von Baiersbronn Recht zu geben, denn jährlich besuchen rund 1 Mio. Gäste die waldreichste und flächenmäßig größte Gemeinde Baden-Württembergs. Damit nimmt der weit auseinander gezogene und aus zwölf Ortsteilen bestehende Luftkurort an der oberen Murg eine Spitzenposition im Schwarzwälder Tourismusbetrieb ein. Dazu trägt auch die Gastronomie einen großen Teil bei – nirgendwo sonst in Deutschland wirken auf so engem Raum so viele Sterne-Köche.

Sehenswert

Hauffs Märchenmuseum

| Museum |

2 *Zu Besuch in der Märchenwelt des Kleinen Muck*

Das kleine, aber lohnende und interaktiv gestaltete Märchenmuseum beleuchtet das Leben des bereits mit 25 Jahren verstorbenen schwäbischen

Gehoben speisen in Baiersbronn: das Spitzenrestaurant Traube Tonbach

Dichters Wilhelm Hauff. Sein Werk »Das kalte Herz« spielt übrigens in Baiersbronn.

■ Alte Reichenbacher Str. 1, 074 42/ 841 40, Mi, Sa, So 14–17 Uhr, Eintritt 1,50 €

Kloster Reichenbach

| Kloster |

Der Klosterbau mit dem 2008 neu gestalteten Innenhof besteht aus einem einschiffigen, romanischen Langhaus, zwei Kirchtürmen sowie weiteren Gebäudeteilen. Im Innenhof des ehemaligen Benediktinerklosters befindet sich ein Gefängnisturm aus dem Jahr 1564.

■ Baiersbronner Str. 1, www.baiersbronn.de

Verkehrsmittel

Sesselbahn Baiersbronn Die Sesselbahn fährt auf einer Streckenlänge von 685 m von der Talstation im Sankenbachtal zur Bergstation Stöckerkopf. Während der Fahrt bietet sich eine herrliche Aussicht über Baiersbronn sowie Sankenbach- und Murgtal mit weiten Wäldern. ■ Sankenbachstr. 121, Tel. 074 42/37 22, www.sesselbahn-baiersbronn.de, April–Okt. Fr–So, in den Ferien 10–18 Uhr, 3,50 €, erm. 2,50 €

Restaurants

€ | Seidtenhof Preisewerte, gemütliche Bauernstube in historischem Ambiente mit Biergarten, Tierställen und vorzüglichem, selbst gemachtem Eis und Kuchenangebot. ■ Reichenbacher Weg 46, Tel. 074 42/12 08 95, www.seidtenhof.de, April–Okt. Mo, Di, Do–So 12–20, Nov.–März Mo, Di, Do–So 12–19 Uhr

€€€ | Restaurant Bareiss Exzellente, von drei Michelin-Sternen gekrönte Kochkunst von Claus-Peter Lumpp in edlem, nostalgisch angehauchtem Ambiente. ■ Gartenbühlweg 14, Baiersbronn-Mitteltal, Tel. 07442/470, www.bareiss.com, Mi–So 12–14, 19–21 Uhr

3 **€€€ | Traube Tonbach Schwarzwaldstube** Der Gourmettempel mit drei Sternen bietet kulinarischen

Hochgenuss. Klassische Haute Cuisine ist das Metier von Koch Harald Wohlfahrt, dazu werden edle Tropfen gereicht. ■ Tonbachstr. 237, Baiersbronn-Tonbach, Tel. 07442/492622, www.traube tonbach.de, Do–So 12–14, Mi–So 19–22 Uhr

Sport

Skiarena Schwarzwaldhochstraße
Die Skiarena Schwarzwaldhochstraße ist das zentrale Wintersportgebiet des Nordschwarzwaldes. Für Skifans und Snowboarder stehen rings um Baiersbronn zwölf Schlepplifte und die Sesselbahn auf den Stöckerkopf (790 m) zur Verfügung. Etliche der Abfahrten sind mit Flutlicht ausgestattet, auch auf der beliebten Buhlbachloipe in Obertal herrscht im Winter bis in die späten Abendstunden Betrieb. Rodelbahnen gibt es am Kniebis, bei Ruhestein und in Tonbach. ■ www.skiresort.de/skigebiete/schwarzwaldhochstrasse

Wandern

Genießerpfad zur Glasmännlehütte
Am Parkplatz der Sessellift-Talstation beginnt eine wunderschöne Rundwanderung von 14 km Länge. Der Genießerpfad führt nicht nur am romantischen Sankenbachsee mit seinen herrlichen Wasserfällen vorbei mit einigen fantastischen Panoramablicken, er mündet auch an einer der schönsten Schwarzwälder Wanderhütten, der Glasmännlehütte. Hier kann man gemütlich und deftig vespern und durchschnaufen. Mit der nostalgischen Sesselbahn ist die Glasmännlehütte auch von Baiersbronn aus bestens erreichbar. ■ Wander-Informationszentrum, Freudenstädter Str. 40, Tel. 07442/18 0080, www.wanderhimmel.de; Glasmännlehütte, auf dem Stöckerkopf, www.glasmaennlehuette.de, Tel. 07442/121433, tgl. 10–18 Uhr

6 Freudenstadt

Höhenluftkurort mit dem wohl größten Marktplatz Deutschlands

Information

■ Freudenstadt Tourismus, Marktplatz 64, 72250 Freudenstadt, Tel. 07441/864730, www.freudenstadt.de

Freudenstadt breitet sich auf einem von Wäldern eingerahmten Plateau in 728 m Höhe am Ostrand des nördlichen Schwarzwaldes aus. Das gesunde Reizklima zog bereits im 19. Jh. die ersten Kurgäste an, die hier liebevoll »Luftschnapper« genannt werden. Gute Wander- und Wintersportmöglichkeiten in der Umgebung machen den Kneippkurort zu einem der wichtigsten Ferienorte des Schwarzwaldes.

Sehenswert

Experimenta
| Museum |

Dieses Erlebnismuseum umfasst Experimente aus Physik, Natur und Technik und lädt zum Mitmachen ein. Unter dem Motto »Sehen – staunen – verstehen« bietet das verrückte Museum Spannendes für jede Altersklasse. ■ Musbacher Str. 5, Tel. 07441/892923, www.experimenta-freudenstadt.de, Öffnungszeiten variieren, Eintritt 6 €, erm. 5 €

Evangelische Stadtkirche
| Kirche |

Das Gotteshaus wurde nach seiner Zerstörung im Zweiten Weltkrieg ori-

ginalgetreu wiederaufgebaut. Die Kirche ist eine der wenigen sogenannten Winkelkirchen Deutschlands: Die beiden Schiffe stehen im rechten Winkel zueinander.

■ Marktplatz 36, www.ev-kirche-fds.de

Historisches Silberbergwerk

| **Bergwerk** |

Das Historische Besucherbergwerk, eine alte Silbermine, kann in mehreren Besichtigungs- und Schwierigkeitsstufen besucht werden. Bis zu 30 m geht es u.a. über Stahlleitern in die Tiefe.

■ Straßburger Str. 57, Tel. 07441/86 47 30, Mai–Okt. Sa, So 14–17 Uhr, Eintritt 3 €

Hausberg Kienberg

| **Aussichtspunkt** |

Der Hausberg Freudenstadts ist Ausgangspunkt für zahlreiche Rad- und Wandertouren. Er bietet nicht nur schöne Aussichten vom 28 m hohen Friedrichsturm, sondern auch ein Café, eine Liegewiese mit Wellnessliegen, eine Minigolfanlage, eine Boccia-Bahn sowie den schönen »Rosenweg« und einen Skulpturengarten.

Restaurants

€ | **Kniebishütte Wanderhütte** mit vielfältiger Vesperkarte und leckeren regionalen Gerichten mitten in der Natur. ■ Straßburger Str. 347, Freudenstadt-Kniebis, Tel. 07442/12 11 60, www.kniebishuette.de, April–Okt. 11–19.30, Nov.–März 11–18.30 Uhr

€€ | **Restaurant Warteck** Für viele Gourmets die beste Wahl in der Stadt: In der Gaststube des gleichnamigen Hotels wird verfeinerte internationale Küche gereicht. Die Karte offeriert 400 edle Weine. ■ Stuttgarter Str. 14, Tel. 07441/919 20, www.warteck-freudenstadt.de, Di–Sa 12–13.30, 18–21, So 12–13.30 Uhr

Entspannung

Erlebnisbad Das Panorama-Bad Freudenstadt ist eine der beliebtesten

Schwarzwälder Fachwerkromantik in der Altstadt von Gernsbach

Freizeiteinrichtungen im gesamten Nordschwarzwald. Ganzjährig geöffnet bietet es große Schwimm- und Planschbecken, einen Saunabereich, ein Sportbecken, Wasserrutschen sowie einen großen Rutschenturm mit 68 m »Turborutsche«. ■ Ludwig-Jahn-Str. 60, Tel. 07441/921300, www.panorama-bad.de, Mo–Sa 9–22, So 9–20 Uhr, Eintritt ab 5,30 €, erm. Ab 3,30 €

In der Umgebung

Aussichtsplattform Ellbachseeblick
| Aussichtsplattform |
Der 2013 eröffnete Aussichtspunkt auf der Hochfläche des Nordschwarzwalds nördlich des Freudenstädter Höhenstadtteils Kniebis ist spektakulär. Von der Plattform bietet sich ein herrlicher Blick hinab auf den Ellbachsee und die Bergumrahmung bis zur Hornisgrinde. Der barrierearme Zugang ist ab dem Besucherzentrum Kniebis bis zum Ellbachseeblick mit Hinweisschildern gekennzeichnet.
■ Besucherzentrum Kniebis, Straßburgerstr. 349, Tel. 07442/7570, Eintritt frei

7 Murgtal

Romantische Schwarzwaldstraße durch das grüne Tal der Murg

Information

■ Touristinfo, Igelbachstr. 11, 76593 Gernsbach, Tel. 07224/64444, www.gernsbach.de

Mit 96 km ist die Murg der längste Fluss des Schwarzwaldes. Ihre beiden Quellflüsse entspringen am Hauptkamm nahe dem Schliffkopf und vereinen sich kurz vor Baiersbronn. Im weiteren Verlauf formte der Fluss ein abwechslungsreiches Tal, noch eng und schluchtartig zwischen Schönmünzach und Forbach, später breiter und von Auen gesäumt mit Heuhütten an den Hängen der Seitentäler. Bei Gernsbach verlässt die Murg den Schwarzwald und mündet nordwestlich von Rastatt in den Rhein. Die wichtigsten und schönsten Orte im Murgtal sind Forbach und Gernsbach.

Im Blickpunkt

Alternativer Wolf- und Bärenpark Schwarzwald

Die deutsche Stiftung für Bären setzt sich aktiv für das Wohl von Bären, aber auch von Luchsen und Wölfen ein. Seit 1996 unterhält sie den Alternativen Wolf- und Bärenpark Schwarzwald. Die hier lebenden Tiere stammen aus schlechten Haltungen, und in großzügigen Freigehegen wird ihnen nun ein neues, artgerechtes Leben ermöglicht. Ein Besuch der Bären und Wölfe ist v. a. für Kinder nicht nur spannend, sondern auch lehrreich. *Rippoldsauer Str. 36/1, Bad Rippoldsau-Schapbach, Tel. 07839/910380, www.baer.de, März–Okt. 10–18, Nov.–Feb. tgl. 10–16 Uhr, Eintritt 7 €, erm. 6 €*

Sehenswert

Schloss Eberstein
| Schloss |
Schloss Eberstein wurde im 13. Jh. als Burg von den Grafen von Eberstein im Murgtal erbaut. Die Anlage wurde mehrfach erweitert und im 19. Jh.

In der Erlebniswelt Schmuckwelten werden kleine Kostbarkeiten von Hand gefertigt

durch die badische Herrscherfamilie zum Landschloss umgestaltet. Heute beherbergt das Schloss ein Luxushotel mit hervorragender Sterneküche.
■ Restaurant und Hotel Schloss Eberstein, Gernsbach, Tel. 072 24/99 59 50, www.hotel-schloss-eberstein.de

Altes Rathaus von Gernsbach

| Rathaus |
Das prächtigste Gebäude der Stadt ist das Alte Rathaus von 1618. Der dreigeschossige rote Sandsteinbau mit kupfergedeckten Erkern und kleinen Obelisken, die an den Giebelseiten aufragen, wurde im Auftrag des Murgschiffers Jakob Kast erbaut. Seit Mitte des 18. Jh. bis 1936 nutzte die Stadt den repräsentativen Spätrenaissancebau als Rathaus. Heute finden hier kulturelle Veranstaltungen und Hochzeiten statt.
■ Hauptstr. 11, Gernsbach, Tel. 072 24/644 44

Schwarzenbach-Talsperre in Forbach

| Staudamm |
Die Schwarzenbach-Talsperre ist eine in den 1920er-Jahren erbaute, 400 m lange und 65 m hohe Staumauer, die ein paar Kilometer südwestlich von Forbach gelegen ist. Der Stausee ist ein beliebtes Naherholungsziel, Ausgangspunkt schöner Wanderungen und bietet vielfältige Möglichkeiten für Aktivitäten wie Schwimmen, Angeln, Windsurfen und Bootfahren. Parkmöglichkeiten bieten sich an der Straßenseite des Sees.

Restaurants

€€ | **Gasthof Sternen** In vier Gaststuben wird gutbürgerliche badische Küche aufgetischt, empfehlenswert sind vor allem die Wild- und Fischgerichte. ■ Staufenberger Str. 111, Gerns-

bach-Staufenberg, Tel. 07224/3308, www.sternen-staufenberg.de, Mo–Mi, Fr–So 11–24 Uhr

 Wandern

Gernsbacher Sagenweg Der auch für Kinder spannende 5 km lange Rundwanderweg um den Gernsberg beginnt unweit von Gernsbach an der Klingelkapelle direkt an der B 462 und ist mit einem Teufelchen markiert. An sieben Stationen finden sich entlang der leicht ansteigenden Strecke Informationstafeln, die mit dem reichen Sagenschatz der Region bekannt machen. Einen sehr schönen Blick über Berg und Tal genießt man von der Engelskanzel, 1,2 km vom Ausgangspunkt entfernt. ■ Parkmöglichkeit am Gernsbacher Kurpark in der Igelbachstr., www.sagenweg.de

8 Pforzheim

Altehrwürdige Goldstadt und Tor zum Nordschwarzwald

 Information

■ Tourist Information, Schlossberg 15–17, 75175 Pforzheim, Tel. 07231/393700, www.pforzheim.de

Pforzheim, am Zusammenfluss von Nagold, Enz und Würm, ist das Zentrum der deutschen Schmuck- und Uhrenindustrie. 75% der gesamten deutschen Schmuckwaren werden hier produziert. Etliche Goldschmiedeateliers und Boutiquen laden zu einem Einkaufsbummel ein. Im Zweiten Weltkrieg wurden in Pforzheim Flakgranaten gefertigt, die Stadt wurde daher zum Ziel von Bombenangriffen und zu 80% zerstört. Das heutige Erscheinungsbild der Stadt ist daher durch die am Funktionalismus orientierte Architektur der 1950er-Jahre geprägt. Vom mittelalterlichen Kern sind nur wenige Bauten erhalten geblieben.

 Sehenswert

Schmuckmuseum

| Museum |

Das Schmuckmuseum im Stadtgarten präsentiert Preziosen aus fünf Jahrtausenden, von keltischen Fibeln über antiken Ohrschmuck bis hin zu zeitgenössischen Kreationen. Prunkstück der umfangreichen Ringsammlung ist ein Fingerring eines ägyptischen Pharaos. ■ Jahnstr. 42, Tel. 07231/392126, www.schmuckmuseum-pforzheim.de, Di–So 10–17 Uhr, Eintritt 3 €, erm. 1,50 €

Schmuckwelten

| Museum |

In dem europaweit einzigartigen Shopping- und Erlebniszentrum bieten sich auf 4000 m² Fläche vielfältige Einkaufsmöglichkeiten und Aktivitäten. So können Besucher die Schmuckproduktion verfolgen, selbst in einer Werkstatt tätig werden und Mineralien und Schmuckstücke aller Art bestaunen. ■ Kart-Friedrich-Str. 56, Tel. 07231/994444, Mo–Sa 10–19 Uhr, Eintritt 3,50 €

Technisches Museum der Pforzheimer Schmuck- und Uhrenindustrie

| Museum |

Wie Schmuck gearbeitet wurde und auch heute noch wird, zeigt dieses Museum im Süden der Stadt. In der historischen Goldschmiedefabrik werden in unregelmäßigen Abständen auch Schmuckherstellungskurse für

Hobby-Goldschmiede angeboten, die ganz praktisch in die hohe Kunst der Gold- und Silberschmiede einführen.
■ Bleichstr. 81, Tel. 07231/392869, www.technisches-museum.de, Mi–Sa 14–17, So 10–17 Uhr, Eintritt 3 €, erm. 2 €

Restaurants

€€ | **Pyramide** Frische, international inspirierte Küche in einem kleinen, familiär geführten Restaurant. Auf den Tisch kommen ausgefallene Speisen wie Spanferkelbäckle mit Wasabi-Püree. ■ Dietlinger Str. 25, Tel. 07231/441754, www.restaurant-pyramide.de, Mi–Sa 18–23, So 11.30–14, 18–23 Uhr

€€ | **Seehaus** Beliebtes Ausflugslokal am See mit Terrasse und Biergarten, untergebracht in einem spätbarocken Jagdpavillon badischer Markgrafen. ■ Tiefenbronner Str. 201, Tel. 07231/651185, www.seehauspforzheim.de, Di–So ab 11.30 Uhr

Sport

Waldklettergarten Acht spannende Parcours in drei unterschiedlichen Schwierigkeitsstufen laden Groß und Klein zur Eroberung des Waldes in bis zu 11 m Höhe ein. ■ Tiefenbronner Str. 100, www.naturkonzepte.com, März, April, Okt. 13–18, Mai–Sept. Sa–So 10–18 Uhr, in den Ferien tgl. geöffnet

Wandern

Ost-, Mittel- und Westweg In Pforzheim beginnen die bekannten Fernwanderwege Ost-, Mittel- und Westweg, die in jeweils rund zwölf Tagesetappen von Nord nach Süd durch den gesamten Schwarzwald führen. Die Wege sind zwischen 230 und 280 km lang. Mehr Informationen dazu beim Schwarzwaldverein.
■ www.schwarzwaldverein.de/wege/fernwanderwege

In der Umgebung

Zisterzienserkloster Maulbronn
| Kloster |
Nordöstlich von Pforzheim erreicht man hinter Mühlacker, am äußersten Rand des Schwarzwalds im Kraichgau, das Örtchen Maulbronn mit einem 1147 gegründeten Zisterzienserkloster. Die hervorragend erhaltene Abtei wurde 1993 von der UNESCO zum Weltkulturerbe erklärt.
■ Klosterhof 5, Maulbronn, www.kloster-maulbronn.de, März–Okt. 9–17.30, Nov.–Feb. Di–So 9.30–17 Uhr, Führung um 11.15 und 15 Uhr, Eintritt ab 7,50 €, erm. ab 3,80 €

9 Bad Liebenzell

Enstpannt kuren zu Füßen einer mittelalterlichen Burg

Information

■ Tourist Information, Kurhausdamm 2–4, 75378 Bad Liebenzell, Tel. 07052/4080, www.bad-liebenzell.de

Der Luftkurort Bad Liebenzell an der Schwarzwald-Bäderstraße zwischen Pforzheim und Calw schmiegt sich reizvoll in das Tal der Nagold. Im Ortsgebiet sprudeln sieben warme Quellen aus dem Urgestein des Mittelgebirges an die Oberfläche. Seit 1926 ist Liebenzell als heilklimatisches Thermalbad anerkannt, doch den Weg dazu ebnete bereits Naturarzt Paracelsus (1493–1541), der dem »Zeller Wasser«

Auf einer Anhöhe über dem Örtchen Bad Liebenzell thront eine Burg aus dem 12. Jh.

schon im Mittelalter Heilqualität bescheinigte. Bad Liebenzells Fußgängerzone lädt zum Bummeln und Flanieren ein. Im gepflegten Kurpark am linken Ufer der Nagold sprießen im Apothekergarten mehr als hundert Arzneipflanzen und Heilkräuter.

 **Sehenswert**

Burg Liebenzell

| Burg |

Burg Liebenzell ist eine Spornburg am Hang über der Stadt Bad Liebenzell. Anfang des 12. Jh. von den Grafen Eberstein zum Schutz ihrer Besitzungen an der Nagold erbaut, war sie einst die bedeutendste Burg des württembergischen Schwarzwaldes. Im 16. Jh. fast völlig verfallen, wurde sie in mühsamer Arbeit ab 1954 wieder aufgebaut. Heute ist sie eine Bildungs- und Tagungsstätte. Das Restaurant-Café ist für Besucher geöffnet. Auch der 34 m hohe Burgturm kann bestiegen werden.

■ Burg Liebenzell, Burg 1, Tel. 070 52/12 34, www.burggastronomie-liebenzell.de, Mi–So 11–21.30 Uhr

Paracelsus-Therme

| Therme |

Das moderne Thermalbad mit Blick über das Nagoldtal ist eine Wellnessoase mit Bewegungsbecken, einer romantischen Felsendampfgrotte sowie einer großen Saunalandschaft.

■ Reuchlinweg 4, Tel. 070 52/40 86 08, www.paracelsus-therme.de, tgl. 9–22 Uhr, Eintritt ab 10 €, erm. ab 8,50 €

 **Cafés**

Café Monachorum Den besten Kuchen der Stadt gibt es im Café Monachorum. Im Sommer locken zudem

Der gut erhaltene Kreuzgang und die spätgotische Marienkapelle des Klosters Hirsau

selbstgemachtes Eis und schöne Sitzplätze im Freien. ■ Monbachstr. 30, Bad Liebenzell-Monakam, Tel. 07052/5201, www.cafe-monachorum.de, Mi–Sa 14–18.30 Uhr

In der Umgebung

Monbachtal

| Landschaft |

Das wildromantische Monbachtal liegt etwa 2 km vor den Toren der Stadt und lockt Naturliebhaber mit beeindruckenden Landschaften und schönen Wanderwegen. Moosbewachsene Felsen und Bäume, umgestürzte alte Baumstämme und der herrlich fließende Mohnbach sorgen für ein stimmungsvolles Naturerlebnis im Nordschwarzwald.

10 Calw

Hermann Hesses Heimatstadt und Klosterzentrum

Information

■ Stadtinformation, Sparkassenplatz 2, 75365 Calw, Tel. 07051/167399, www.calw.de

In der wunderschönen Fachwerkstadt Calw ist Hermann Hesse, der weltweit meistgelesene deutschsprachige Schriftsteller, allseits präsent. Dem Zauber der Fachwerkhäuser und winkligen Gassen in Calw wird sich kein Besucher entziehen können, auch wenn das auf 23000 Einwohner angewachsene Industriestädtchen am

Ostrand des Schwarzwaldes seit Hesses Kindertagen längst aus dem engen Nagoldtal herausgewachsen ist und sich auf die umliegenden Hügel ausgebreitet hat.

Sehenswert

Hermann-Hesse-Museum

| Museum |

Das informative Museum ist im historischen Stadtpalais »Haus Schüz« ganz in der Nähe des Marktplatzes untergebracht. Mit Blick auf das Geburtshaus des Dichters erwartet den Besucher hier verteilt auf zehn Räume die größte Dauerausstellung Europas über das Leben und Schaffen Hesses. Neben Manuskripten und Erstausgaben sind auch etliche Zeichnungen und Aquarelle des Literaturnobelpreisträgers von 1946 ausgestellt.

■ Marktplatz 30, Tel. 070 51/75 22, www.hermann-hesse-museum.de, April–Okt. Di–So 11–17, Nov.–März Di–Do, Sa, So 11–16 Uhr, Eintritt 5 €, erm. 3 €

Kloster Hirsau

| Klosterruine |

Das im 11. Jh. entstandene Kloster zählte im Mittelalter zu den einflussreichsten Benediktinerabteien Deutschlands. Damals besaß es umfangreiche Ländereien und herrschte über mehr als 30 Dörfer. Im 17 Jh. wurde es im Pfälzischen Erbfolgekrieg durch französische Truppen nahezu vollständig zerstört. Nur die spätgotische Marienkapelle und der romanische Nordturm der Basilika blieben erhalten. Heute dienen die Klosterbauten als Kulisse für zahlreiche Veranstaltungen und Kulturevents. Weithin bekannt ist der Calwer Klostersommer. Aber auch Konzerte und Sommerkino-Vorführungen finden auf dem historischen Gelände statt.

■ Kloster Hirsau – St. Peter und Paul, Klosterhof 1, Tel. 070 51/16 73 99, www.kloster-hirsau.de, Eintritt frei, Führungen Mai–Okt. Sa 14.30, So 11, 15.30 Uhr

Restaurants

€ | **Krabba-Nescht** Uriges Ambiente kombiniert mit deftiger schwäbischer Küche. Reservierung empfehlenswert.

■ Bannstr. 1, Calw-Holzbronn, Tel. 07053/96 71 80, www.krabba-nescht.de, Mi–Sa 17–1, So 11–23 Uhr

Wandern

Wasser-Wald- und Wiesenpfad Der lohnende Genießerpfad (von Calw

nach Bad Teinach-Zavelstein) ist ein ausgezeichneter Wanderweg durch ursprüngliche Natur. Auf einem abwechslungsreichen Rundweg von 14 km Länge geht es durch das idyllische Rötelbachtal und vorbei an imposanten Felsformationen zu wunderschönen Aussichtspunkten. Für das leibliche Wohl unterwegs sorgt das Wanderheim in Zavelstein. Der Startpunkt des »Premiumwanderwegs« befindet sich gut ausgeschildert am Marktplatz von Calw. ■ www.calw.de/Premiumweg

11 Bad Wildbad

Staatsbad und Gesundbrunnen mit reicher Tradition

Information

■ Tourist Information, König-Karl-Str. 5, 75323 Bad Wildbad, Tel. 070 81/102 80, www.bad-wildbad.de

Im Tal der Großen Enz liegt eingebettet zwischen den Hängen von Sommerberg (731 m) und Meisternkopf (714 m) eines der bekanntesten Heilbäder Deutschlands. Bad Wildbad verdankt seinen Ruf dem fluoridhaltigen 34 bis 42 °C warmen Thermalwasser, das hier aus einer Tiefe von 600 m an die Oberfläche sprudelt. Nach Baden-Baden ist das hübsche Örtchen der meistbesuchte Kurort im Nordschwarzwald. Ob König, Graf oder Bundespräsident – hier haben schon viele Berühmtheiten Erholung gesucht. Das im 14. Jh. gegründete Wildbad war bereits im 15. Jh. ein florierender Badeort. Nach Verwüstungen und einem großen Stadtbrand im 18. Jh. wurde die Stadt neu aufgebaut.

Sehenswert

Palais Thermal

| Therme |

Das Palais Thermal ist eines der prachtvollsten Badehäuser im ganzen Land. Aufgeteilt in einen orientalischen und einen modern gestalteten Bereich finden sich in dem beeindruckenden Bad Sauna- und Thermalbäder, verschiedene Badebecken, Whirlpools, Massagebecken, Wellnessbereiche und vieles mehr. Mindestalter zwölf Jahre.

■ Kernerstr. 5, Tel. 070 81/30 30, www.palais-thermal.de, Mo–Fr 11–22, Sa–So 10–22 Uhr, Eintritt ab 16,50 €

Baumkronenweg Waldkirch

| Aussichtsplattform |

4 *Spaziergang über den Wipfeln des Schwarzwaldes*

Hoch hinaus mit herrlichem 360°-Panoramablick geht es auf dem 1250 m langen, barrierefreien Baumwipfelpfad mit einem 40 m hohem Aussichtsturm. In regelmäßigen Abständen gibt es Balkone und spannende Infotafeln. Und wem oben angekommen der Kick durch die Höhe noch nicht reicht, der kann über eine 55 m lange Riesenrutsche den Rückweg antreten.

■ Sommerberg, www.bad-wildbad.de/baumwipfelpfad, Jan.–März, Nov.–Dez. 9.30–16, April, Okt. 9.30–18, Mai.–Sept. 9.30–19 Uhr, Eintritt ab 9,50 €, erm. ab 7,50 €

Verkehrsmittel

Sommerbergbahn Mit der Sommerbergbahn, einer der modernsten Seilbahnen Deutschlands, gelangen Besucher bequem und schnell vom Zentrum Bad Wildbads auf den Sommerberg. Dort warten schöne Wan-

Entspannen wie ein König im Badehaus Palais Thermal in Bad Wildbad

derwege, ein Baumwipfelpfad (S. 40) und ein Märchenwanderweg (S. 41) auf ihre Entdeckung. ■ www.bad-wildbad.de/sommerbergbahn, Mo–Mi 8.45–20.45, Do–So, Feiertage 8.45–22.15 Uhr, Eintritt ab 3,50 €, erm. ab 2,50 €

Restaurants

€ | **Wildbader Hof** Gutbürgerliche schwäbische Küche. In der jeweiligen Saison kommen frischer Spargel, Pilze oder Wild auf den Tisch. ■ König-Karl-Str. 43, Tel. 07081/2476, www.wildbaderhof.de, Mo, Mi–So ab 10 Uhr

Kinder

Märchenweg Auf dem 3,2 km langen Wanderweg kommen v.a. Kinder voll auf ihrer Kosten. Geheimnisvolle Geschichten, Waldgeister und sagenhafte Schätze gibt es an den zehn mit Hörspielen und Infotafeln ausgestatteten Stationen entlang des Weges zu entdecken. Auch Kinderwagen können problemlos mitgeführt werden. Ausgangspunkt ist der Turm des Baumwipfelpfades. ■ www.bad-wildbad.de/maerchenweg

Sport

Bike Park Mit dem Rad in wilder Downhill-Fahrt abwärts sausen – ein Vergnügen für Profi-Mountainbiker und Anfänger gleichermaßen. Der Park bietet sechs Strecken in unterschiedlichen Schwierigkeitsstufen. Protektoren sind Pflicht, Materialverleih und Reparaturservice gibt es vor Ort. ■ Peter-Liebig-Weg 10, Tel. 07081/380120, www.bikepark-bad-wildbad.de, April–Okt. Mi–So 10–18 Uhr

Zahlreiche Treppenstufen führen in die Gassen des idyllischen Örtchens Altensteig

In der Umgebung

Seewald Freizeitpark Enzklösterle
| Erlebnispark |
In Enzklösterle, etwa 20 km südlich von Bad Wildbad, wartet Süddeutschlands längste Riesenrutsche. Mit einem großen Schlepplift gelangen Abenteuerlustige auf den Berg Seekopf, bevor es dann rasant und in tollen Steilkurven über eine Strecke von insgesamt 1500 m abwärts geht. Außerdem erwarten große und kleine Besucher eine Kinder-Bergeisenbahn, Autoscooter, ein Kettenkarussell, Trampoline, Rodeoreiten, eine »Wasserpumperbahn« und ein Piratenboot in dem schönen Freizeitpark.

■ Enzklösterle-Poppeltal, Tel. 070 85/78 12, www.riesenrutschbahn.de, saisonal 10–18.30 Uhr, freier Eintritt in den Park, Rutschfahrt 4 €, erm. 3 €

12 Altensteig

Historische Treppenstadt und Flößerzentrum mit Fachwerkcharme

Information

■ Tourist Information im Rathaus, Rathausplatz 1, 72213 Altensteig, Tel. 074 53/946 12 11, www.altensteig.de

Schon bei der Anfahrt durch das Nagoldtal lässt sich der Zauber von Altensteig erahnen: Postkartenreif ziehen sich die auf Terrassen übereinander gestapelten Häuserzeilen einen steilen Hang hinauf, dessen Spitze von einem malerischen Fachwerkschloss und der Stadtkirche besetzt ist. Spitzgiebelige Häuser stehen Seite an Seite, enge Gassen und Treppenwege verbinden die einzelnen »Etagen«.

Sehenswert

Stadtrundgang »Historische Meile«

| Altstadt |

Der gut ausgeschilderte Rundgang eignet sich hervorragend zur Erkundung des historischen Kerns des wunderschönen Luftkurorts. Unter Denkmalschutz stehende Fachwerkbauten aus dem 15. bis 18. Jh. machen einen Großteil des Charmes dieses Städtchens aus. Über den Dächern der Altstadt thront majestätisch das Altensteiger Schloss.

■ Beginn an der ehemaligen Kaplanei, Broschüre auf www.altensteig.de

Altes Schloss mit Museum

| Schloss |

Die Altstadt wird von dem Alten Schloss auf der Hanghöhe überragt, dessen markanter dreigeschossiger Fachwerkaufsatz das Wahrzeichen Altensteigs ist. Der Kern der Anlage geht auf die romanische Burg (12. Jh.) der Grafen von Tübingen zurück. Das Museum im Alten Schloss dokumentiert auf vier Etagen die Besiedlung des Nagoldtales und stellt die einst typischen Schwarzwaldberufe wie Holzfäller, Flößer, Silberschmied und Harzer vor.

■ Kirchstr. 11, Tel. 07453/1360, www.schlossmuseum-altensteig.de, Mi 14–16, So 14–17 Uhr, Dauerausstellung: 2 €, erm. 1 €

Restaurants

€€ | Gaststube Hotel Hirsch Traditioneller Landgasthof mit modern eingerichteten Zimmern. In der behaglichen Gaststube können sich die Gäste mit Wildgerichten stilvoll kulinarisch verwöhnen lassen. ■ Simmersfelder Str. 24, Altensteig-Überberg, Tel. 07453/8290, www.hirsch-altensteig.de

Events

Flößerfest Alle zwei Jahre im September findet das Flößerfest an der Monhardter Wasserstube statt. Das traditionelle Fest der Flößerzunft Oberes Nagoldtal geht mit zahlreichen Vorführungen rund um alte Handwerkskünste einher und endet stets am Nachmittag mit der traditionellen Floßfahrt auf dem Flüsschen Nagold. ■ Monhardter Wasserstube, Ebhausen, www.altensteig.de/veranstaltungen

Erlebnisse

Flößerführungen Die Flößerstadt Altensteig bietet fünfmal jährlich feste Termine zu Flößerführungen an. Hier wird die Geschichte des ehemals lohnenden Gewerbes im Schwarzwald auf spannende Art und Weise lebendig gehalten. ■ floesser-altensteig.de/aktivitaten-termine, Führung 7 €, erm. 3,50 €, rechtzeitige Anmeldung notwendig

ADAC *Mittendrin*

Das **Altensteiger Weihnachtsfackeln** ist ein historischer Brauch, der jedes Jahr Tausende Besucher anlockt und fasziniert. Hoch über der Stadt versammeln sich an Heiligabend um 18 Uhr Einheimische und Gäste, um mit großen, weithin sichtbaren Feuern und Hunderten von Fackeln die Geburt Jesu Christi zu feiern.
www.altensteig.de/de/Entdecken/Sehen+Staunen/Fackeln

Übernachten

Im Nordschwarzwald gibt es viele schöne Hotels bevorzugt im gehobenen Bereich. Sie sind oft kombiniert mit guten Restaurants, in denen hervorragende, regionale Küche serviert wird. In der Region Baiersbronn beispielsweise findet sich eine beeindruckende Anhäufung von Michelin-Sternen. Viele der rund um den Nationalpark Schwarzwald gelegenen Hotels haben zudem ihren Fokus auf ausgedehnte Wellnessangebote gelegt, die Entspannung pur nach ausgedehnten und erlebnisreichen Wanderungen versprechen. Die Unterkünfte in den Wandergebieten sind auf Aktivurlauber, Wanderer, aber auch auf Radfahrer und Wintersportler eingestellt.

Baden-Baden 18

€€ | **Leonardo Royal Hotel Baden-Baden** Das gute und preiswerte Hotel mit sehr gutem Frühstück ist in Fußnähe zum Zentrum idyllisch an einem Park gelegen. ■ Falkenstr. 2, 76530 Baden-Baden, Tel. 072 21/21 90, www.leonardo-hotels.de

€€€ | **Brenners Park-Hotel & Spa** Leinenbezogene Sessel, chinesische Vasenlampen, geräumige Bäder aus weißem Marmor – das Nobelhotel ist eine der feinsten Adressen am Platz. ■ Schillerstr. 4–6, 76530 Baden-Baden, Tel. 072 21/90 00, www.brenners.com

€€€ | **Der Kleine Prinz** Das originelle Romantikhotel mit 40 detailverliebten Zimmern liegt in zentraler, verkehrsberuhigter Lage. ■ Lichtentaler Str. 36, 76530 Baden-Baden, Tel. 072 21/34 66 00, www.derkleineprinz.de

Schwarzwaldhochstraße 24

€€ | **Berghotel Mummelsee** Mehrfach ausgezeichnetes Wellnesshotel mit schönen, modern eingerichteten Zimmern und großem Wellnessangebot. Ein Ort zum Wohlfühlen und Genießen. ■ Schwarzwaldhochstr. 11, 77889 Seebach, Tel. 078 42/992 86, www.mummelsee.de/berghotel

Baiersbronn 29

€ | **Goldener Hahn** Kinderfreundliches Haus mit geräumigen Apartments, Hallenbad und kleinem Wellness-Bereich. ■ Oberdorfstr. 72, 72270 Baiersbronn, Tel. 074 42/605 40 60, www.goldener-hahn.de

€ | **Hotel Die Alm** Im Schwarzwaldstyle-Hotel fusionieren Tradition und Moderne zu einer spannenden Einheit. Im Restaurant Almstüble werden regionale Gerichte kreativ interpretiert. ■ Alm 32, 77704 Oberkirch, 40 km von Baiersbronn, Tel. 078 02/13 19, www.hotel-die-alm.de

€€€ | **Hotel Traube Tonbach** Wunderbares Hotel mit 153 Zimmern, Bäderlandschaft, 3-Sterne-Küche und allen Annehmlichkeiten für Gourmets und Familien. ■ Tonbachstr. 237, 72270 Baiersbronn-Tonbach, Tel. 074 42/49 20, www.traube-tonbach.de

€€€ | **Hotel Bareiss** Familiengeführtes Hotel mit Restaurant und einem legendärem Frühstücksbuffet. ■ Gärten-

bühlweg 14, 72270 Baiersbronn, Tel. 074 42/470, www.bareiss.com

€€€ | Nationalpark-Hotel Schliffkopf Zu jeder Jahreszeit eine ideale Basis für Erkundungen im Nationalpark. Wellnesshotel. ■ Schwarzwaldhochstr. 1, 72270 Baiersbronn, Tel. 074 49/92 00, www.schliffkopf.de

€€€ | Waldhotel Grüner Baum Moderne Zimmer und Apartements, ein großer Wellnessbereich, ein Pool und eine wunderschöne Lage garantieren einen angenehmen Aufenthalt im Waldhotel. ■ Alm 33, 77704 Oberkirch, 40 km von Baiersbronn, Tel. 078 02/80 90, www.waldhotel-gruener-baum.de

Freudenstadt 31

€ | Hotel Langenwaldsee Eingebettet in die schönen Wälder von Freudenstadt und am See gelegen ist das Wohlfühlhotel ein idealer Ort zum Entspannen und Entschleunigen. ■ Straßburger Str. 99, 72250 Freudenstadt, Tel. 074 41/ 889 30, www.hotel-langenwaldsee.de

€€ | Hotel Lauterbad Mehrfach ausgezeichnetes Wellnesshotel mit schönen Zimmern und großem Wellnessangebot. Ein Ort zum Wohlfühlen und Genießen. ■ Amselweg 5, 72250 Freudenstadt, Tel. 074 41/86 01 70, www.lauterbad-wellnesshotel.de

Murgtal 33

€ | Hotel Schwert Preiswertes Hotel in Schlossnähe mit modern eingerichteten Zimmern in zentraler Lage. ■ Herrenstr. 3a, 76437 Rastatt, Tel. 072 22/ 76 80, www.hotel-schwert.de

Bad Wildbad 40

5 **€ | Moknis Palais Hotels** Zwei Häuser mit eleganten Zimmern direkt am Kurplatz. Gäste erhalten freien Eintritt ins Palais Thermal. ■ Kurplatz 4–6, 75323 Bad Wildbad, Tel. 07081/30 10, www.moknis.com

ADAC *Das besondere Hotel*

Übernachten inmitten idyllischer Weinberge oberhalb des Blumen- und Weindorfes Sasbachwalden – und zwar nicht in einem herkömmlichen Hotel, sondern in einem echten Weinfass. Die Gäste des **Hofs der Familie Wild** nächtigen in liebevoll ausgebauten Wohn- und Schlaffässern und genießen atemberaubende Blicke auf die Rheinebene. Ein Übernachtungserlebnis der besonderen Art, das man frühzeitig buchen sollte. Im Winter sind die Fässer natürlich beheizt.
€€ | Bergstr. 7, 77887 Sasbachwalden, Tel. 01 62/649 32 74, www.schlafen-im-weinfass.de

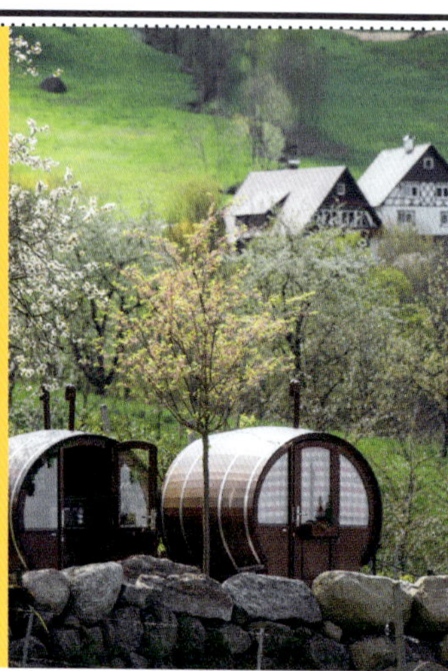

Mittlerer Schwarzwald – Fachwerk und alte Klöster

Rauschende Wasserfälle, nostalgische Kuckucksuhren – Tradition, Geschichte und Handwerk zum Anfassen

Zwischen der Kinzig und dem Höllental erstreckt sich der Mittlere Schwarzwald. Im Tal der Kinzig warten malerische Orte wie Gengenbach mit denkmalgeschützter Altstadt, schmuckem Fachwerk und mittelalterlichen Türmen. An der Mündung des Kinzigtals findet sich Offenburg, eine moderne Verlagsstadt, deren Altstadt sich wunderbar in die Umgebung einfügt. Große Sakralarchitektur erwartet den Besucher im einstigen Benediktinerkloster Alpirsbach, das zu den eindrucksvollsten Zeugnissen der romanischen Epoche im Schwarzwald zählt. Das geschäftige Zentrum der Region ist Villingen-Schwenningen. Viel besucht sind auch die Luftkurorte St. Peter und St. Märgen, zwei ehemalige Klosterdörfer. Etwa in der Mitte des Schwarzwalds liegt das romantische Gutachtal, die Heimat des Bollenhutes. In Schonach können die beiden größten Kuckucksuhren der Welt besichtigt werden.

In diesem Kapitel:

ADAC Top Tipps:

4 **Triberger Wasserfälle**
| Wasserfall |
Einer der großen Schwarzwälder Besuchermagneten: die malerischen Fallstufen der Gutach. 64

5 **Kloster St. Peter**
| Kloster |
Eine prunkvolle Klosterkirche und geschichtsträchtige Benediktiner-Abtei im Hochschwarzwald lädt zum Staunen ein. 74

6 **Hochburg Emmendingen**
| Ruine |
Die bedeutendste Festungsanlage in Baden-Württemberg entführt ihre Besucher ins Mittelalter. 79

ADAC Empfehlungen:

6 **Dorotheenhütte, Wolfach**
| Museum |
Vollendete Glasbläserkunst zum Bestaunen und zum Kaufen. 50

7 **Zeller Keramik, Zell am Hammersbach**
| Ausstellung |
Traditionelle Porzellanherstellung als Erlebnis. 54

8 **Hahn-und-Henne-Runde, Zell am Harmersbach**
| Wanderung |
Auf den Spuren des berühmten Motivs von Zell am Harmersbach. 54

9 **Schöllmanns Bar & Küche, Offenburg**
| Restaurant |
Tolle Cocktails auf dem Dach. 59

10 **Europa-Park Rust**
| Vergnügungspark |
Ganz Europa auf einem Areal am Rande des Schwarzwalds. 60

11 **Kuckucksuhren Rombach & Haas, Triberg**
| Ausstellung |
Kuckucksuhren in allen Formen. 65

12 **Deutsches Uhrenmuseum, Furtwangen**
| Museum |
Zeitlose Schönheiten im Museum rund um das Thema Uhr. 71

13 **Kolmenhof, Furtwangen**
| Restaurant |
Badisch Einkehren nahe der geografischen Donauquelle. 71

13 Alpirsbach

Alte Klosterstadt mit moderner Brauerei und sommerlicher Konzertreihe

Information

■ Tourist Information, Krähenbadstr. 2, 72275 Alpirsbach, Tel. 074 44/951 62 81, www.stadt-alpirsbach.de

Gut 10 km südlich von Freudenstadt im oberen Kinzigtal liegt der Luftkurort Alpirsbach. Das viel besuchte Städtchen besitzt mit seinem ehemaligen Benediktinerkloster mitten im Zentrum eine der eindrucksvollsten romanischen Abteien Süddeutschlands. Weithin bekannt wurde Alpirsbach aber durch seine erfolgreiche Klosterbrauerei.

Sehenswert

Brauereimuseum – Klosterbräu

| **Museum** |

Das würzige Alpirsbacher Klosterbräu ist überregional bekannt. Das übersichtlich gestaltete Museum der dazugehörigen Brauerei beleuchtet die traditionsreiche Kunst des Bierbrauens. Auch ein anschließender Umtrunk kann arrangiert werden, ebenso die Besichtigung des Abfüllwerkes im Rahmen einer zweistündigen Führung.

■ Marktplatz 1, Tel. 074 44/671 49, www.alpirsbacher.de, Führungen (ab Souvenirshop) tgl. 14.30 Uhr, Eintritt ab 7 €, erm. 3 €

Alpirsbacher Klosterkirche

| **Kloster** |

Das über 900 Jahre alte ehemalige Benediktinerkloster im malerischen Kinzigtal gehört zu den eindrucksvollsten romanischen Abteien Süddeutschlands. Neben dem Besuch der romanischen Klosterkirche lohnt sich auch eine Besichtigung des südlich an den Kirchenbau angrenzenden spätgotischen Kreuzgangs, in dem im Sommer die »Alpirsbacher Kreuzgangkonzerte« stattfinden.

■ Klosterplatz, Tel. 074 44/951 62 81, www.kloster-alpirsbach.de, Mitte März–Okt. Mo–Sa 10–17.30, So 11–17.30, Nov.–Mitte März Do–So 13–15 Uhr, Konzertinformationen unter www.kreuzgangkonzerte.de

Restaurants

€€ | **Löwen-Post** Auf der Speisekarte des Brauerei-Gasthofs stehen herzhafte regionale Spezialitäten wie Maultaschen, Käsepätzle oder Kutteln. Gern lassen sich die Gäste dazu ein naturtrübes Alpirsbacher Weizenbier schmecken. ■ Marktplatz 12, Tel. 074 44/955 95, www.loewen-post.de, April–Okt. Mo–Sa 11.30–14, 17.30–21, So 11.30–14, 17.30–20 Uhr, Nov.–März eingeschränkte Öffnungszeiten

Cafés

Café am Kloster Hervorragende Kuchen- und Tortenkreationen serviert das Café am Kloster. Bei schönem Wetter genießt man diese Leckereien am besten auf der Sonnenterrasse. ■ Ambrosius-Blarer-Platz 12, Tel. 074 44/44 76, www.cafeamkloster.de, Mo–Sa 10–18, So 10.30–18 Uhr, Mitte Okt.–Mitte März Mi geschl.

Einkaufen

Alpirsbacher Glasbläserei Die Alpirsbacher Glasbläserei hat sich zum Ziel

Das mittelalterliche Kloster aus rotem Sandstein bildet das Zentrum von Alpirsbach

gesetzt, das traditionsreiche Schwarzwälder Glasbläserhandwerk lebendig zu halten. Das Highlight der Verkaufsausstellung ist eine Vorführung, bei der man man einem Glasbläser während der Ausübung seiner traditionellen Kunst über die Schulter sehen kann. ■ Krähenbadstr. 3, Tel. 074 44/ 60 09, www.glasblaeserei-alpirsbach.de, Mo–Fr 10–18, Sa 10–16, So 14–17 Uhr, Vorführungen nach Voranmeldung 1 € pro Pers.

Wandern

Alpirsbacher Wasserpfad Der 6 km lange Rundwanderweg führt durch das landschaftlich sehr schöne Tal der Kleinen Kinzig in Reinerzau. Auf dem Weg geben 34 Tafeln Informationen rund um das Thema Wasser. ■ Nähere Informationen bei Tourist Information

14 Wolfach

Stadt der Glasbläser und Hochburg der Fastnacht und »Schellenhansel«

Information

■ Tourist Information, Hauptstr. 41, 77709 Wolfach, Tel. 078 34/83 53 53, www.wolfach.de

Die Kleinstadt Wolfach an der Mündung des Flüsschens Wolf in die Kinzig gilt zusammen mit seinem Ortsteil Kirnbach und den südlichen Nachbarsiedlungen Gutach und Reichenbach als Heimat der bekannten Bollenhut-Tracht. Der beschauliche Ort ist zudem eine Hochburg der alemannischen Fastnacht, die mit dem »Narrenwecken« am Rosenmontag, dem »Nasenumzug« und dem bunten Treiben der

Im Blickpunkt

Karneval auf Alemannisch

Andernorts mag lauter und größer Karneval gefeiert werden, doch was Originalität und Vielfalt angeht, ist die schwäbisch-alemannische Fasnet kaum zu überbieten. Kaum hat der Winter begonnen, versucht man, ihn in der Region mit wildem Mummenschanz zu vertreiben. Und jede der an die zwei Dutzend Fasnet-Hochburgen des Schwarzwalds hat dafür ihre eigenen Methoden. Mal verstecken sich die Narren hinter furchterregenden Teufelsmasken, mal hinter lieblich anmutenden Barocklarven.

Offizieller Beginn der Fasnet ist am 6. Januar, dem Dreikönigstag. Richtig hoch her geht es dann zwischen »schmotzigem Dunschtig« (schmutziger Donnerstag) und Aschermittwoch. Am Fastnachtsmontag werden mit Katzenmusik in aller Herrgottsfrühe die letzten Narren aus den Betten geworfen. In Wolfach wird dazu der »Wohlaufmann« in seinem rollenden Bett durch die Stadt gefahren.

Die Stars in Villingen und Rottweil sind die »Narros«, die mit bis zu 30 kg schwerem bronzenen Glockengehänge in rhythmischem Sprungschritt durch die Straßen ziehen. Am Aschermittwoch ist dann der ganze Spuk vorbei, wenn in Trauermärschen die Fasnet zu Grabe getragen wird oder, wie in Wolfach üblich, die leeren Geldbeutel im Dorfbrunnen ausgewaschen werden.

»Mehlwurm-«, »Schellen-« und »Streifenhansel« am Fastnachtsdienstag ihren Höhepunkt erlebt.

Sehenswert

Dorotheenhütte

| Museum |

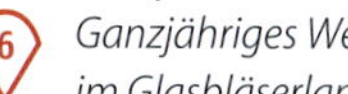

6 *Ganzjähriges Weihnachtsdorf im Glasbläserland*

Ein Besuchermagnet nahe Wolfach ist die Dorotheenhütte, eine Glashütte südwestlich der Altstadt unweit der B294. In der Werkstatt wird anschaulich demonstriert, wie aus 1450 °C heißer Quarzsandmasse formschöne Glaswaren entstehen. Ein Glasmuseum informiert über die Geschichte der Glasbläserkunst. Der Glashütte angeschlossen ist ein ständiges Weihnachtsdorf mit Verkaufsraum.

■ Glashüttenweg 4, Tel. 078 34/839 80, www.dorotheenhuette.info, tgl. 9–17 Uhr, Führungen Mo 11, Do, So 14 Uhr, Eintritt ab 5 €, erm. ab 3 €

Flößer- und Heimatmuseum im Fürstenberger Schloss

| Museum |

Das Wolfacher Schloss ist mit seiner 110 m langen Fassade das zweitgrößte Schloss Mittelbadens. Schmuckstück der ansonsten eher nüchternen Vierflügelanlage ist das links an der Hauptstraße gelegene barocke westliche Hofportal mit dem fürstenbergischen Wappen im Giebel. Im Inneren ist das Flößer- und Heimatmuseum untergebracht. Im alten Festsaal wird die harte Arbeit der Flößer beleuchtet. Prunkstück der Ausstellung ist ein Modell der Stadt von 1580.

■ Hauptstr. 40, Tel. 078 34/83 53 53, Nov.–April Do 14–17, Mai–Okt. Di, Do, Sa 14–17, So 10–12, 14–17 Uhr

Restaurants

€ | **Restaurant Krone** Deutsch-italienisches Hotelrestaurant im historischen Fachwerkhaus. Im Sommer sitzt man schön auf der großen Terrasse. ■ Hauptstr. 33, Tel. 078 34/837 80, www.krone-wolfach.de, Mo, Mi–So 11–14.30, 17.30–22 Uhr

€€ | **Restaurant Löwen** Traditionsreiches, gemütlich eingerichtetes Restaurant mit exzellenter Küche und schönem Gartenbereich. ■ Halbmeil 10, Wolfach-Halbmeil, Tel. 078 34/393, www.loewen-halbmeil.de, Mo, Do–Sa 11–14.30, 17–24, So 11–24 Uhr

Kinder

Mineralienhalde Grube Clara Besucher können im Abraum der Grube Clara, einer der mineralienreichsten Minen der Welt, nach Mineralien schürfen – ein großer Spaß, v.a. für Familien mit Kindern. Die Beute darf natürlich mit nach Hause genommen werden. ■ Kirnbacher Str. 3, Tel. 078 34/ 86 77 72, www.mineralienhalde.com, April–Okt. Mo–Sa 9–17, Juli–Aug. zusätzlich So 10–17 Uhr

Events

Internationale Wolfacher Mineralientage Jedes Jahr am ersten Wochenende im August treffen sich Mineraliensammler und Fans glitzernder Kristalle aus ganz Europa im Schlosshof in Wolfach, um – begleitet von einem abwechslungsreichen Rahmenprogramm – die schönsten Mineralien von rund 100 Händlern und Ausstellern zu bestaunen. ■ Am Kastaniendobel 2, Tel. 078 34/86 55 86, www.festival-der-kristalle.de

Der Schwarzwälder Karneval besticht durch seine bunte Maskenvielfalt

15 Haslach

Historische Marktstadt und Heimat eines Schwarzwälder Originals

Information

■ Tourist Information, im Alten Kapuzinerkloster, 77716 Haslach, Tel. 078 32/ 70 61 72, www.gastliches-kinzigtal.de, www.haslach.de

Die von sanften Hügelketten eingerahmte Kleinstadt Haslach ist mit ihrem kreisrunden, unter Denkmalschutz stehenden Altstadtkern aus hübschen Fachwerkhäusern des 18. Jh. ein viel besuchtes Ausflugsziel im Kinzigtal. Im Mittelalter war das Städtchen Zentrum eines Silberbergbaureviers, das den Einwohnern beachtli-

Beliebtes Dekor: das Hahn-und-Henne-Motiv aus Zell am Hermersbach

chen Wohlstand einbrachte. 1704 von den Franzosen niedergebrannt, entspricht das heutige Altstadtbild Haslachs weitgehend dem Neuaufbau aus dem 18. Jh.

Sehenswert

Schwarzwälder Trachtenmuseum

| Museum |

Das sehenswerte im »Alten Kapuzinerkloster« untergebrachte Trachtenmuseum gewährt einen hervorragenden Einblick in die Entwicklung der Schwarzwälder Trachten. Es werden über 100 Originaltrachten in Großvitrinen präsentiert.

■ Klosterstr. 1, April–Mitte Okt. Di–So 10–12.30, 13.30–17, Mitte Okt.–März Di–Fr 10–12.30, 13.30–16 Uhr, Eintritt 3 €, Kinder frei

Besucherbergwerk Segen Gottes

| Bergwerk |

Ein beliebtes Ausflugsziel der Region ist das Besucherbergwerk in Haslach-Schnellingen. Die ehemalige Silbergrube mit ihren gut erhaltenen Stollen, beeindruckenden Kristallen und Stalaktiten zählt zu den bedeutendsten historischen Bergwerken im Schwarzwald.

■ Silberbergwerk, Ausschilderung »Segen Gottes«, Tel. 078 32/912 50, Führungen April–Okt. Di–So 11, 13.30,15.30 Uhr und nach Vereinbarung, Eintritt 6 €, erm. 4 €

Hansjakob-Museum im Freihof

| Museum |

Das Museum Freihof erinnert in Wort und Bild an den Pfarrer, Historiker und Volksschriftsteller Heinrich Hansjakob (1837–1916), den berühmtesten Sohn der Stadt. Es ist im Erdgeschoss des Gehöfts eingerichtet, das sich der Hansjakob im Jahr 1913 im Stil eines Schwarzwaldhauses als Alterssitz errichten ließ.

■ Hansjakobstr. 17, Tel. 078 32/47 15, Mi 10–12.30, 15–17, Fr 15–17, April–Mitte Okt. So 10–12.30, 15–17 Uhr, Eintritt 3 €, Kinder frei

KZ-Gedenkstätte Vulkan

| Gedenkstätte |

Mit Ruinen und einem Mahnmal des Künstlers Frieder Haser wird an die nationalsozialistischen Lager erinnert, die sich in den Jahren 1944–45 auf diesem Areal befanden. 1700 Häftlinge aus 21 Ländern mussten Zwangsarbeiten in den Bergwerkstollen der Hartsteinwerke Vulkan verrichten. Viele überlebten diese strapaziöse Zeit nicht.

■ Ca. 600 m außerhalb der Ortschaft Richtung Freiburg, Tel. 078 32/96 99 43, www.gedenkstaette-vulkan.de

Restaurants

€€ | **Drei Schneeballen** In dem einladenden 500 Jahre alten Fachwerkhaus neben der Dorfkirche werden schmackhafte badische Spezialitäten aufgetischt. ■ Hauptstr. 11, Hofstetten, Tel. 078 32/28 15, www.drei-schneeballen.de, Mi–So 11.30–21 Uhr

€€ | **Gasthaus Kanone** Traditionsreiches Restaurant in stilvollem historischen Ambiente mit vorzüglicher, gehobener Küche. ■ Hauptstr. 54, Tel. 078 32/977 511, www.gasthaus-kanone.de, Mo 11–14, Mi–Sa 11–14, 17.30–22, So 11–14, 17.30–21 Uhr

16 Zell am Harmersbach

Ein lohnender Rundwanderweg und zu Besuch bei Henne und Hahn

Information

■ Tourist Information, Alte Kanzlei, 77736 Zell am Harmersbach, Tel. 078 35/63 69 47, www.zell.de

Stattliche Fachwerk- und Jugendstilhäuser prägen das historische Zentrum von Zell am Harmersbach, der ehemals kleinsten Reichsstadt der Habsburger. Weit über die Stadtgrenzen hinaus bekannt wurde der Ort durch seine Steingutfabrik. In der bereits 1794 gegründeten Manufaktur kreierte der Maler Karl Schöner 1898 erstmals das erfolgreiche, ursprünglich als Kinderserie gedachte »Hahn-und-Henne«-Dekor. Die aktuelle Geschirrkollektion der von Hand bemalten Zeller Keramik umfasst 130 verschiedene Formenteile und erfreut sich nach wie vor großer Beliebtheit.

Sehenswert

Storchenturm

| **Museum** |

Der Storchenturm ist ein massiver Bruchsteinbau aus dem 12. Jh. 108 Stufen führen auf den 25 m hohen Turm hinauf. Von oben bietet sich über die Stadt hinweg ein schöner Blick ins Harmersbachtal; auf dem Weg zum Turm informiert ein Museum über die Geschichte der Stadt.

■ Kanzleiplatz 1, Tel. 078 35/75 45, www.storchenturm-museum.de, April–Okt. Di, Fr, So 14–17 Uhr, 2 €

Wallfahrtskirche Maria zu den Ketten

| **Kirche** |

Die größte der über 20 Wallfahrtskirchen in der Region Schwarzwald bietet Platz für mehr als 1000 Gläubige und ist u.a. wegen ihrer anmutigen Holzschnitzerei, die das Gnadenbild Maria mit Jesuskind zeigt, bekannt.

■ Kapuzinerkloster, Klosterstr. 17, Tel. 078 35/638 90, www.pfarrei-zell.de

Restaurants

€ | **Vesperstube »Vogt auf Mühlstein«** Die wunderschöne, geschichtsträchtige Vesperstube mit hervorragender Schwarzwälder Kirschtorte im Glas lädt während einer Wanderung in der Umgebung zur Einkehr ein. Schon der Heimatdichter Heinrich Hansjakob erzählte die Geschichte vom »Vogt auf Mühlstein«. ■ Mühlstein 1, 77787 Nordrach, Tel. 078 38/955 94 10, www.vogt-auf-mühlstein.de, Mi–So ab 11 Uhr

€€ | **Restaurant Bräukeller** In der einzigartigen Atmosphäre eines Kellergewölbes werden raffinierte, abwechslungsreiche Gerichte aus regionalen

Zutaten serviert. Im Sommer lädt der Hopfengarten direkt an der historischen Stadtmauer auf einen Besuch ein. ■ Fabrikstr. 8, Tel. 078 35/54 88 00, www.braeukeller-zell.de, Di–So 11.30–14.30, 18–24 Uhr

Einkaufen

7 **Zeller Keramik** In der Zeller Keramik findet sich der Fabrikverkauf der Hahn-und-Henne-Keramik. Auch weitere Produktlinien – vom Eierbecher bis zum kompletten Service – sind hier käuflich zu erwerben. Die Zweite-Wahl-Ware mit leichten Unregelmäßigkeiten ist besonders günstig. Besucher erhalten einen Einblick in die Produktion und können unter fachkundiger Anleitung eigene Keramikerzeugnisse bemalen. Die selbstbemalten Stücke sind zuhause eine einzigartige und bleibende Erinnerung. ■ Hauptstr. 2, Tel. 078 35/78 60, www.zeller-keramik.de, Mo–Do 8–15.30, Fr 8–13 Uhr

Wandern

8 **Hahn-und-Henne-Runde** Der wunderschöne 14 km lange Rundwanderweg, der 2015 mit dem Siegel »Premiumwanderweg« zertifiziert wurde, präsentiert sich abwechslungsreich mit tollen Aussichten zu den elsässischen Vogesen, Einkehrmöglichkeiten und immer wieder interessanten von Hahn und Henne inspirierten Motiven. Startpunkt ist der Wanderparkplatz »Schwarzer Adler.« Mit öffentlichen Verkehrsmitteln reisen Wanderer über die Haltestellen in Zell-Unterharmersbach an. ■ Weitere Informationen in der Tourist Information Zell am Harmersbach (S. 53)

17 Gengenbach

Historische Reichsstadt und romantische Fachwerkperle im Vorderen Kinzigtal

Information

■ Tourist Information, Im Winzerhof, 77723 Gengenbach, Tel. 078 03/93 01 43, www.gengenbach.info

Zu Recht rühmt sich das knapp 10 km südöstlich von Offenburg gelegene Gengenbach, eines der reizvollsten Stadtbilder Südwestdeutschlands zu besitzen. Die denkmalgeschützte Altstadt präsentiert sich mit Fachwerkhäusern, Tortürmen und barocken Patrizierhäusern wie ein Freilichtmuseum und diente bereits als Filmkulisse.

Sehenswert

Historische Altstadt

| Stadtbild |

Mittelpunkt der kreisförmig angelegten Altstadt ist der gepflasterte Marktplatz mit dem Röhrbrunnen, dem Wahrzeichen des Ortes. Sehenswert sind das Rathaus aus dem Jahr 1784, die Stadtkirche St. Marien, der Obertorturm mit dem aufgemalten Ziffernblatt einer Sonnenuhr aus dem 13. Jh. und der Schwedenturm. Die malerischsten Winkel Gengenbachs finden sich in der westlichen Altstadt. Dort

ADAC *Mobil*

Zur Adventszeit reist man am besten mit der Bahn an, da freie Parkplätze z.T. rar sind. Mit dem **RIT-Schwarzwald-Ticket** (S. 135) in Verbindung mit der **Konus-Gästekarte** (S. 135) ist es relativ günstig.

Die Altstadt in Gengenbach mit dem Röhrbrunnen lädt zum Verweilen ein

reihen sich in der Engelgasse Fachwerkhäuser mit auskragenden Obergeschossen aus dem 18. Jh. aneinander.

Narrenmuseum Niggelturm

| Museum |

Das im 36 m hohen Niggelturm untergebrachte Museum informiert auf sieben Etagen über die fünfte Jahreszeit, die in Gengenbach besonders bunt gefeiert wird.

■ Tel. 07803/5749, www.narrenmuseum-niggelturm.de, April–Okt. Mi, Sa 14–17, So 11–17 Uhr

Restaurants

€ | **Steinkellerhaus Frei** Schöner Fachwerk-Gasthof mit Gewölbekeller und blumengeschmücktem Hof. Es gibt badische Küche wie Flammkuchen oder Schäufele, dazu Wein aus der Ortenau. Im dazugehörigen Laden können hausgebrannte Schnäpse erworben werden. ■ Hauptstr. 33, Tel. 078 03/2471, www.steinkellerhaus.de, Mo, Mi, Do, Fr 17–23, Sa, So 12–15, 17–23 Uhr

Events

Gengenbacher Adventskalender Während des Adventsmarkts verwandelt sich das ohnehin hübsche Rathaus von Gengenbach in einen der größten Adventskalender Südbadens. Jedes Rathausfenster wird zum Türchen. Ab dem 1. Dezember wird allabendlich eines der Türchen geöffnet, mit musikalischer Untermalung und magisch beleuchtet. Ein überwältigendes Schauspiel, das inzwischen pro Saison rund 100 000 Besucher anzieht.

■ Adventsmarkt 30. Nov.–23. Dez., Mo–Fr 14–20, Sa–So 12–20 Uhr, Fensteröffnung jeweils 18 Uhr

Gefällt Ihnen das?

Sie lieben weihnachtliche Romantik? Dann sollten Sie zur Vorweihnachtszeit unbedingt den Adventsmarkt in der **Ravennaschlucht** (S. 84) oder das beeindruckende Fackelleuchten in **Altensteig** (S. 42) besuchen.

18 Offenburg

Industrie-, Verlags- und Messestadt mit barockem Kern

Gesellschaftlicher Mittelpunkt in Offenburg: der Marktplatz mit der Heilig-Kreuz-Kirche

Information

■ Stadtinformation im Bürgerbüro, Fischmarkt 2, 77652 Offenburg, Tel. 07 81/82 28 00, www.offenburg.de
■ Parken: siehe S. 59

Die große Kreisstadt Offenburg an der Mündung des Kinzigtals in die Oberrheinische Tiefebene ist ein lebhafter Industriestandort und hat sich auch als Messeplatz einen Namen gemacht. Größter Arbeitgeber der ganzen Region ist mit 2500 Beschäftigten der Medienkonzern Burda, Herausgeber von bekannten Zeitschriften wie »Bunte«, »Freundin«, »Focus« u.a. Daher verwundert es nicht, dass der wuchtige Hubert Burda Media Tower mit seiner hellen Glas-Aluminium-Fassade am Talhang die Stadt überragt. Gewissermaßen zu seinen Füßen am östlichen Ufer der Kinzig breitet sich die Altstadt mit ihren sehenswerten Fachwerk- und Barockgebäuden aus.

Sehenswert

Evangelische Stadtkirche

| Kirche |

Die Evangelische Stadtkirche wurde im Jahr 1864 in neugotischem Stil auf kreuzförmigem Grundriss erbaut.

Plan S. 59 

Über dem Hauptportal am Südende erhebt sich der dominierende, stark gegliederte Turm. Die Kirche, bei ihrer Erbauung am Nordende der Stadt gelegen, ist von nahezu jedem Punkt der Hauptstraße aus zu sehen.

■ Seestr., www.stadtkirche-og.de

 2 Heilig-Kreuz-Kirche

| Kirche |

Anstelle eines 1689 abgebrannten Vorgängerbaus aus dem 13. Jh. errichtete Franz Beer zu Beginn des 18. Jh. eine dreischiffige Hallenkirche mit dreigeschossigem Barockturm nach Vorarlberger Vorbild. Im Kircheninneren sind der Hochaltar (um 1740) von Franz Lichtenauer sowie das zierliche Rokokogitter der Musikempore einen Blick wert.

■ Prädikaturstr. 3

 3 Einhorn-Apotheke

| Fassade |

Die Einhornapotheke ist eines der auffälligsten Häuser der Altstadt. Das langgezogene Gebäude entstand 1720, sein zweifach horizontal abgeteilter barocker Volutengiebel mit schmiedeeisernem Balkon über der Eingangstür im Jahr 1772.

■ Hauptstr. 88

 4 Rathaus

| Fassade |

Das Rathaus ist ein von Matthias Fuchs entworfener dreigeschossiger Barockbau von 1741. Seine Fassade krönt ein halbkreisförmiger Mittelgiebel, die Fenster werden von kunstvoll gemeißelten Steinrahmen eingefasst. Über dem Portal prangt neben dem Stadtwappen der österreichische Doppeladler, der die frühere Verbundenheit mit dem Haus Habsburg demonstriert.

■ Hauptstr. 90

 5 Königshof

| Fassade |

Der Königshof ist ein weiteres schönes Beispiel des Barock in Offenburg. Der Vorarlberger Baumeister Dominik Elmenreich hatte den repräsentativen Bau mit seiner reich verzierten dreistöckigen Fassade 1714–17 errichtet. Heute befindet sich darin das Polizeirevier Offenburg.

■ Hauptstr. 96

Das Rathaus von Offenburg beeindruckt mit einer kunstvollen Barockfassade

6 Fischmarkt

| Markt |

Der Fischmarkt mit dem Löwenbrunnen aus dem Jahr 1599 ist von einem schmucken Ensemble von Bürgerhäusern eingefasst, in denen lebhafte Straßencafés zum Verweilen einladen. Im Oktober findet hier einmal jährlich der Original Hamburger Fischmarkt statt.

■ www.fischmarkt.events/offenburg

7 Hirsch-Apotheke

| Fassade |

Die Hirschapotheke (1698) ist eines der Wahrzeichen Offenburgs. Ihre abgetreppte Giebelfassade ist rings um die pyramidenförmig angeordneten Fenster allegorisch bemalt. So ist z.B. rechts der Tod als Sensenmann abgebildet, ganz oben erkennt man einen Hirschkopf mit Hubertuskreuz im Geweih.

■ Fischmarkt 3

8 Mittelalterliche Mikwe

| Museum |

Östlich vom Fischmarkt befindet sich eine mittelalterliche Mikwe. Das rituelle jüdische Tauchbad aus dem 14. Jh. ist 14 m tief in den Boden eingelassen. Eine enge steile Treppe führt in einen Schacht, der mit Grundwasser gefüllt war und der kleinen jüdischen Gemeinde für Waschungen diente.

■ Besichtigung nur im Rahmen von Führungen, Anmeldung Tel. 07 81/82 20 00, www.museum-offenburg.de, April–Okt. Mi, Sa 10 Uhr

9 Museum im Ritterhaus

| Museum |

In dem um 1700 erbauten, alten Amtsgebäude der Ortenauer Reichsritterschaft ist ein Museum untergebracht. Er erzählt die Stadtgeschichte Offenburgs anhand archäologischer Funde.

■ Ritterstr. 10, Tel. 07 81/82 25 77, www.museum-offenburg.de, Di–So 10–17 Uhr, Eintritt 3 €, erm. 2 €

10 Altes Kapuzinerkloster

| Kloster |

Das Kapuzinerkloster in der Gymnasiumstraße ist das älteste Gebäude Offenburgs. Als einziges Haus der Stadt

überstand es den großen Stadtbrand von 1689. Im Rahmen der im Sommer stattfindenden Konzerte kann der malerische Kreuzgang mit seinen schlichten Holzsäulen besichtigt werden.
■ Gymnasiumstr. 7, www.offenburg.de

11 Salmen Offenburg

| Gedenkstätte |

Im heutigen »Denkmal von nationaler Bedeutung« wurde 1847 die Badische Revolution ausgerufen. In den Räumen finden heute Konzerte und andere kulturelle Veranstaltungen statt.
■ Weingartenstr. 34, Tel. 07 81/82 22 64, www.kulturbuero.offenburg.de

Parken

Autofahrer stellen ihren PKW am besten in der Tiefgarage am Marktplatz (knapp 300 Stellplätze) ab. ■ 45 Min. 1 €, Tageskarte 12 €, Plan S. 59 b2

Restaurants

€ | Brauwerk Baden In dem schicken Neubau lässt sich frisch gezapftes Kronen-Bier genießen. Badische Küche sorgt für das leibliche Wohl. Ab Mai öffnet der Biergarten. ■ Gutenbergstr. 3, Gewerbegebiet Rammersweier, Tel. 07 81/938 01 26, www.kronen-brauhaus.de, Di–Fr 11.30–14, 17–24, Sa 17–24, So 11.30–24 Uhr, Plan S. 59 nördl. c1

€€ | Haus Zauberflöte Frische, abwechslungsreiche internationale Küche. Highlight ist die 8 m lange Theke mit riesigem Wandspiegel. ■ Lindenplatz 12, Tel. 07 81/966 66 96, www.haus-zauberfloete.de, Mo–Fr 11.30–14.30, 17–22, Sa 17–11 Uhr, Plan S. 59 c2

9 **€€ | Schöllmanns Bar & Küche** Schickes Penthouse-Restaurant mit Aussicht über die Altstadt und herrlicher Dachterrasse im Sommer. Vielfältige Frühstücksauswahl, sehr

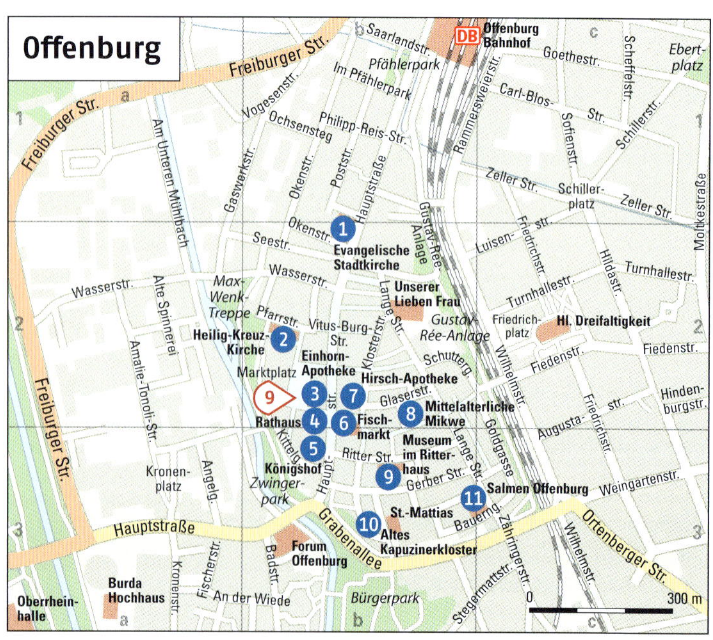

gutes Bar- und Cocktailangebot in einer einzigartiger Location. ■ Hauptstr. 88, Tel. 07 81/919 49 99, www.schoellmanns.de, Mo, Mi, Do, So 10–1, Di 9–1, Fr 10–3, Sa 9–3 Uhr, Plan S. 59 b2

Cafés

Arnolds Kaffeemanufaktur Ein wahres Kleinod für Kaffeeliebhaber und Genießer am Rande der Altstadt. Das gemütliche Ambiente und der Duft frisch gerösteter Bohnen machen den Besuch zu einem echten Genuss. ■ Spitalstr. 6, Tel. 07 81/20 55 03 43, www.arnolds-kaffeemanufaktur.de, Mo–Fr 9.30–18, Sa 9.30–16 Uhr, Plan S. 59 b3

In der Umgebung

Europa-Park Rust

| Vergnügungspark |

Familien lieben den größten Freizeitpark Deutschlands

Über die A5 erreicht man 25 km südwestlich von Offenburg den beliebten Europa-Park Rust. Mehr als 5,5 Mio. Menschen besuchen jedes Jahr den größten und schönsten Freizeitpark Deutschlands mit über 100 Attraktionen. Zu den beliebten Highlights des Themenparks gehören das neue »Voletarium« und die »Welt der Kinder – Irland«. Auf Nervenstarke warten gigantische Achterbahnen. Von dem 75 m hohen Eurotower genießt man die Aussicht auf die zu beiden Seiten der Rheinebene gelegenen Bergzüge von Schwarzwald und Vogesen. Im Park kann in verschiedenen Themenhotels übernachtet werden. Besonders empfehlenswert ist ein Besuch in der Winter- oder Halloween-Saison. Dann wird der gesamte Park detailverliebt geschmückt und in ein Wintermärchen bzw. eine Grusellandschaft verwandelt.

■ Europa-Park-Str. 2, Tel. 078 22/77 66 88, www.europapark.de, April–Okt. tgl. 9–18, Dez. tgl. 11–19 Uhr, Eintritt 47 €, erm. 40,50 €

ADAC Spartipp

Geburtstagskinder bis zwölf Jahre haben an ihrem Geburtstag freien Eintritt in den Europa-Park, was sich bei nicht ganz preiswerten Tickets für Familien durchaus lohnt.

19 Gutachtal

Heimat der Bollenhüte mit Freilichtmuseum der Superlative

Information

■ Verkehrsamt Gutach, Hauptstr. 38, 77793 Gutach, Tel. 078 33/93 88 50, www.gutach-schwarzwald.de

Die Gutach entspringt oberhalb des Städtchens Triberg, sucht sich von dort über die Triberger Wasserfälle ihren Weg hinab nach Hornberg und mündet schließlich weiter nördlich bei Hausach in die Kinzig. Besonders stimmungsvoll ist eine Fahrt mit der Schwarzwaldbahn durch das reizende Tal mit alten Schwarzwaldhöfen und lieblichen Streuobstwiesen, das auch die Heimat der berühmten Schwarzwälder Bollenhuttracht ist. Zwischen Triberg und Hausach wurde vor rund 900 Jahren am Fuß einer mittelalterlichen Burg das Städtchen Hornberg gegründet, das heute den engen Talgrund ausfüllt. Die Gemeinde Gutach, gut 4 km nördlich von Hornberg, ist für ihre malerischen Schwarz-

Neueste Achterbahn-Technik sorgt im Europa-Park Rust für Nervenkitzel

waldhöfe mit den charakteristischen Walmdächern bekannt.

 **Sehenswert**

Vogtsbauernhof

| Freilichtmuseum |

3 *Anschauliche Reise in die Vergangenheit des Schwarzwalds*

Der Vogtsbauernhof ist das größte und sehenswerteste Freilichtmuseum im Schwarzwald, das vor allem bei Familien äußerst beliebt ist. Besucher können hier in das Leben im Schwarzwald der letzten 400 Jahre eintauchen. Auf 5 ha verteilen sich sechs Schwarzwaldhöfe, ein »Leibgedinghäusle« und ein Tagelöhnerhaus. Der namensgebende Vogtsbauernhof von 1612 ist das einzige Haus der Anlage, das hier an seinem angestammten Platz steht. Die anderen Gebäude aus dem 16. bis 18. Jh wurden an ihren alten Standorten in ihre Einzelteile zerlegt und im Museumsdorf mühevoll wieder aufgebaut. Diverse Nebengebäude wie eine Schmiede, eine Ölmühle, ein Speicher und eine Backhütte komplettieren das wundervolle Freilichtmuseum, in dem im Dezember für drei Tage ein stim-

ADAC *Wussten Sie schon?*

Der **Bollenhut** ist der wohl auffälligste Teil der Schwarzwälder Tracht. Er besteht aus einem Strohhut mit 14 markanten roten oder schwarzen Bollen (nur elf sind sichtbar). Die Farbe zeigt den Ehestand der Trägerin an: unverheiratete Frauen tragen rot, verheiratete schwarz. Der Hut wiegt bis zu 2 kg und wird von Hutmacherinnen in Handarbeit gefertigt.

Gefällt Ihnen das?

Sie interessieren sich für traditionelles Handwerk im Schwarzwald? Dann sollten Sie auch das **Besucherbergwerk Segen Gottes** (S. 52) in Haslach und die **Edelsteinschleiferei Wintermantel** (S. 78) in Waldkirch besuchen.

mungsvoller Weihnachtsmarkt seine Pforten öffnet.

■ Gutach (Schwarzwaldbahn), Tel. 078 31/93 560, www.vogtsbauernhof.de , April–Okt. 9–18, im Aug. bis 19 Uhr, Eintritt 9 €, Kinder 5 €

Schwarzwald-Modellbahn Hausach

| Ausstellung |

Die größte europäische Modellbahn nach realem Vorbild zeigt auf 400 m² mit viel Liebe zum Detail den Schwarzwald als Miniaturlandschaft. 40 bis 50 Züge sind in der Regel zeitgleich unterwegs, halten u.a. an den originalgetreu nachgebildeten Bahnhofsanlagen der Schwarzwaldbahn-Städte Hausach, Hornberg und Triberg. Authentische Brückenbauwerke und weitere Nachbildungen entlang der einzigartigen Gebirgsbahn runden den Traum jeden Eisenbahnfans ab.

■ Eisenbahnstr. 52 a, Hausach, Tel. 078 31/96 60 10, www.schwarzwald-modellbahn.de, April–Okt. Di–So 10–18, Nov.-März Do–So 10–17 Uhr, Eintritt 6,50 €, erm. 3,50 €

Sommerrodelbahn Gutach

| Rodelbahn |

Direkt neben dem Freilichtmuseum gelegen, komplettiert die 1150 m lange Sommerrodelbahn den perfekten Familienausflug. Ein Liftsystem führt 300 m hinauf zur Bergstation, bevor es dann in rasanter Fahrt in Kreiseln und durch Tunnel den Berg hinab geht. Ein Riesenspaß für Groß und Klein.

■ Singersbach 1a, Tel. 078 31/96 55 80, www.sommerrodelbahn-gutach.de, Mitte März–Okt. 10–18, 25. Dez.–Anfang Jan. 12–16, Anfang Jan.–Mitte März Sa, So 13–16 Uhr (wetterabhängig)

Im Freilichtmuseum Vogtsbauernhof den Alltag von vor 400 Jahren kennenlernen

Im Blickpunkt

Mit dem Zug über Berg und Tal

Der Schwarzwald lässt sich ideal per Bahn bereisen. Zu den bekanntesten Strecken zählt etwa die Höllentalbahn, die von Freiburg im Breisgau nach Hinterzarten führt. Als eine der reizvollsten Strecken Deutschlands gilt die 149 km lange Schwarzwaldbahn zwischen Offenburg und Singen. Als 1873 nach zehnjähriger Bauzeit der Hauptabschnitt zwischen Hausach und Villingen eröffnet wurde, feierte man die Großherzogliche Badische Schwarzwaldbahn als technisches Meisterwerk. Sie war die erste Bergbahn der Welt, die auf kurzer Distanz einen Höhenunterschied von fast 700 m überwand und so zum Vorbild für die Gotthard-Bahn in den Alpen wurde.
Von Hausach aus führen die Schienen zunächst entlang der Gutach bergauf, um dann oberhalb des Flüsschens die Kehrtunnel von Niederwasser und Triberg und den 1698 m langen Sommerautunnel zu passieren. Ihren Scheitelpunkt erreicht die Strecke schließlich auf 832 m Höhe. Insgesamt umfasst die Schwarzwaldbahn 39 Tunnels sowie etliche Brücken und Viadukte.

Verkehrsmittel

Schwarzwaldbahn Die Anreise nach Hausach zur Schwarzwald-Modellbahn erfolgt am bequemsten mit der Bahn. Vom Bahnsteig bis zur Ausstellung sind es gerade mal 100 m Fußweg.

Restaurants

€€ | **Hotel Adler** In der mehrfach ausgezeichneten Gaststube kommt feine badische und internationale Küche auf den Tisch. ■ Hauptstr. 66, Hornberg, Tel. 078 33/93 59 90, www.hotel-adler-hornberg.de, Sa–Do 11.30–14, 18–21.30 Uhr

€€ | **Zum Tannhäuser** Im rustikalen Gastraum werden abwechslungsreiche regionale Küche, aber auch internationale Gerichte serviert. Hervorzuheben sind die Fischgerichte und das Steak vom argentinischen Angus-Rind. ■ Hauptstr. 76, Tel. 078 33/316, www.tannhaeuser-hornberg.de, Mi–Mo 10–14, 17–24 Uhr

20 Triberg

Deutschlands höchste Wasserfälle und die zwei größten Kuckucksuhren

Information

■ Tourist Information, Wallfahrtstr. 4, 78098 Triberg, Tel. 077 22/86 64 90, www.triberg.de

Der kleine Ort Triberg ist vor allem für seine Wasserfälle berühmt, die zu den schönsten Naturwundern Deutschlands zählen. Besonders viel Rummel herrscht zur sommerlichen Hochsaison, wenn Besucher aus aller Welt die Terrassenlokale bevölkern und in den Souvenirläden nach Kuckucksuhren und Bollenhüten Ausschau halten. Mit Skischanze, Rodelbahn, Biathlonanlage, einer Halfpipe für Snowboarder und zwei Skiliften verfügt der heilklimatische Kurort auch über eine gute Infrastruktur für Wintersportler.

 Sehenswert

Triberger Wasserfall

| Wasserfall |

Über sieben Fallstufen ergießt sich die Gutach in die Tiefe

Mit mehr als einer halben Million Besuchern pro Jahr sind die Triberger Wasserfälle eine der Top-Attraktionen des Schwarzwalds. Die Gutach, deren steiles Bett im Laufe von 200 Mio. Jahren ausgewaschen wurde, stürzt sich hier über moosbewachsene Granitfelsen insgesamt 163 Höhenmeter talwärts. Der Haupteingang des Areals am südlichen Stadtrand liegt an der B500. Von hier aus führen drei Wege bergauf: ein Natur-, ein Kultur- und der von hochstämmigen Fichten eingerahmte Kaskadenweg, von dem aus sich das Naturschauspiel erleben lässt. Im Winter wird der gefrorene Wasserfall allabendlich mit Licht in Szene gesetzt.

■ Hauptstr. 85, Eintritt 4 €

Erste weltgrößte Kuckucksuhr

| Uhr |

Am Ortseingang von Schonach weist ein Schild zur inzwischen nur noch zweitgrößten Kuckucksuhr der Welt, die der Uhrmacher Josef Dold und seine Familie 1980/81 im Maßstab 50:1 konstruierten.

■ Untertalstr. 28, Tel. 077 22/46 89, tgl. 10–12, 13–17 Uhr

ADAC *Mobil*

Während in der Stadt **Parkplätze** an belebten Wochenenden nur schwer zu bekommen sind, findet man etwas weiter oberhalb der Triberger Wasserfälle am Mitteleingang fast immer noch ein freies Plätzchen.

Eble Uhren-Park

| Uhr |

Die weltgrößte Kuckucksuhr befindet sich nun hier an der B33 zwischen Triberg und Hornberg. Mit ihrem 4,50 mal 4,50 m großen Uhrwerk aus Lindenholz übertrifft sie die Schonacher Konkurrenz um ein gutes Stück. Dazu bietet der Traditionsbetrieb auf 1000 m² Verkaufsfläche eine riesige Auswahl an Kuckucks-, Stand- und Wanduhren.

■ Schonachbach 27, Tel. 077 22/962 20, www.uhren-park.de, Ostern–Okt. Mo–Sa 9–18, So 10–18, Nov.–Ostern Mo–Sa 9–17.30, So 11–17 Uhr

Schwarzwaldmuseum

| Museum |

In einer Gewerbehalle von 1873 werden typisches Schwarzwälder Brauch-

Die größte Kuckucksuhr der Welt in Triberg begeistert große wie kleine Besucher

tum (Trachten, Kostüme, Fastnachtsmasken) und Handwerk vorgestellt. ■ Wallfahrtstr. 4, Tel. 077 22/44 34, www.schwarzwaldmuseum.de, April–Sept. tgl. 10–18, Okt.–März Di–So 10–17 Uhr

Restaurants

€€ | Schwarzwaldgasthof Schwanen Gastfreundlich in urigem Ambiente wird im Gasthof Schwanen in Schonach gute Küche serviert. Die original erhaltene Wirtschaft ist seit 1752 in Familienbesitz. ■ Hauptstr. 18, Schonach, Tel. 077 22/52 96, www.schwanenwirt.de

Cafés

Café Schäfer Ein Stück Schwarzwälder Kirschtorte nach dem Originalrezept von Josef Keller, dem »Erfinder« der Torte, bekommt man im Café Schäfer. ■ Hauptstr. 33, Tel. 077 22/44 65, www.cafe-schaefer-triberg.de, Mo, Di, Do, Fr 9–18, Sa 8–18, So 11–18 Uhr

Einkaufen

11 **Kuckucksuhren Rombach & Haas** In der Schwarzwalduhrenmanufaktur Rombach & Haas warten ausgefallene, traditionelle und moderne Kuckucksuhren auf neue Besitzer. Besonders bemerkenswert sind neben der riesigen Auswahl die Designeruhren, die das Thema Kuckucksuhr ganz neu interpretieren. ■ Sommerbergstr. 2, Schonach, Tel. 077 22/52 73, www.black-forest-clock.de, Mo–Fr 7–12 und 13.15–17 Uhr

Events

Triberger Weihnachtszauber Das vielleicht schönste Winter-Event zur Weihnachtszeit im Schwarzwald: Sechs Tage lang warten eine herrliche, von Tausenden von Lichtern erhellte Kulisse am Triberger Wasserfall, internationale Künstler auf mehreren Bühnen, eine beeindruckende Feuershow und Höhenfeuerwerke. ■ www.triberger-weihnachtszauber.com, 25.–30. Dez. 14–21 Uhr, Eintritt ab 11 €

Wandern

U(h)rwaldpfad Rohrhardsberg Der 9 km lange »Schwarzwälder Genießerpfad« führt rund um den Rohrhardsberg durch eine kontrastreiche Landschaft. An den Bäumen angebrachte Kukucksuhren entlang des Weges dienen als Nistplätze für Vögel.

21 St. Georgen

Sonnige Bergstadt inmitten einer beliebten Ferienregion

Information

■ Tourist Information, Hauptstr. 9, 78112 St. Georgen, Tel. 077 24/871 94, www.st-georgen.de

Die Bergstadt St. Georgen liegt an der Rhein-Donau-Wasserscheide und ist eine beliebte Basis für Ausflügler und Wanderer. Ihre Höhenlage sorgt für viel Sonnenschein, die Schwarzwaldbahn durchfährt hier ihren höchsten Punkt. Benannt ist die Stadt nach einem Benediktinerkloster aus dem 11. Jh., das jedoch im Dreißigjährigen Krieg vollständig zerstört wurde.

Sehenswert

Kunstraum Grässlin

| Sammlung |

Der Kunstraum Grässlin präsentiert in einem Neubau in der Museumsstraße sowie in 20 über das Stadtgebiet verteilten Räumen die Sammlung der Familie Grässlin. Die ortsansässige Unternehmer-Dynastie sammelt seit Jahrzehnten Gegenwartskunst. Zu sehen sind u.a. Werke von Werner Büttner, Martin Kippenberger und Tom Burr.

■ Museumstr. 2 , Tel. 077 24/916 18 05, www.sammlung-graesslin.eu, Besichtigung nach tel. Vereinbarung

Deutsches Phonomuseum

| Museum |

St. Georgen war vor Beginn des digitalen Zeitalters Hochburg für Audio-Technik. Die annähernd 50 Exponate im Phonomuseum, darunter Raritäten und Kuriositäten, beleuchten die Entwicklung der mechanischen Tonaufzeichnung und Wiedergabe, angefangen vom 1877 von Thomas Edison erfundenen Phonographen bis hin zu modernen Plattenspielern.

■ Bärenplatz 1, Tel. 077 24/859 91 38, Mai–Okt. Di–So 11–17, Dez.–April Mi–So 11–17 Uhr, Eintritt 5 €, erm. 2,50 €

Verkehrsmittel

Die Zugstrecke zwischen St. Georgen und Hausach (ca. 35. Min.) gilt als besonders schöner Abschnitt der Schwarzwaldbahn.

Restaurants

€€ | **Landgasthof Engel** Gut bürgerliche Küche in urgemütlich eingerichtetem Lokal. ■ Obertal 1, St. Georgen-

Die Geschichte der Audio-Technik spannend erzählt im Deutschen Phonomuseum

Brigach, Tel. 077 24/62 52, www.landgasthof-engel.de, Mi–Fr 12–14 und ab 17, Sa–So 11–20.30 Uhr

Cafés

Hotel Café Schoren Im feinen Café des Hotels gibt es hervorragende Kuchen und Torten. Am besten genießt man diese auf der Sonnenterrasse. ■ Am Schoren 3, Tel. 077 25/72 17, www.das-roessle.de, So–Do 14.15–18 Uhr

Einkaufen

Schwarzwälder Genusswerkstatt Süße Sünden probieren und einkaufen. Pralinen, Schokoladen, Konfitüren und mehr kann man hier vernaschen. ■ Bärenplatz 12, Tel. 077 24/ 91 88 81, www.schwarzwaelder-genusswerkstatt.de, Mo–Fr 9–12.30, Sept.–Juli auch 14.30–18, Sa 9–12.30 Uhr

22 Villingen-Schwenningen

Geschäftige Doppelstadt am Schwarzwaldrand mit Altstadtcharme

Information

■ Tourist Info und Ticket-Service, Rietgasse 2 und am Bahnhof: Erzbergerstr. 20, 78050 Villingen-Schwenningen, Tel. 07721/82 23 40, 077 20/82 10 66, www.tourismus-vs.de.

Villingen-Schwenningen am Ostrand des mittleren Schwarzwaldes ist das wirtschaftliche Zentrum der Region Schwarzwald-Baar. Während die alte Gemarkung von Villingen noch eindeutig dem auslaufenden Schwarzwald zuzurechnen ist, befindet sich die 5 km östlich gelegene Stadthälfte Schwenningen bereits in der Baar,

Die rund 50 m hohen Türme des Münsters dominieren das Stadtbild

einer weiten Hochmulde zwischen dem Schwarzwald und der Schwäbischen Alb. Während Villingen mit seiner gut erhaltenen Altstadt seine historischen Wurzeln betont, hat sich der ebenso umtriebige Industriestandort Schwenningen ganz und gar der Moderne verschrieben.

Sehenswert

Franziskanerkloster

| Kloster |

Die 1222 geweihte und 1704 nach einem Brand originalgetreu wieder aufgebaute gotische Stiftskirche wird heute als Konzerthaus genutzt und ist für ihre brillante Akustik bekannt. Die Ausstellung im Kreuzgang und in der ehemaligen Sakristei zählt mit 8000 Objekten zu den bedeutendsten volkskundlichen Sammlungen in der Region Schwarzwald.

■ Rietgasse 2, Tel. 077 21/82 23 51, www.franziskanermuseum.de, Di–Sa 13–17, So 11–17 Uhr

Münster Unserer Lieben Frau

| Kirche |

Das Münster Unserer Lieben Frau ist das Wahrzeichen Villingens. Mit dem Bau der dreischiffigen Pfeilerbasilika wurde 1130 begonnen, der Chor wurde nach dem großen Stadtbrand 1271 im hochgotischen Stil neu aufgebaut. Die beiden jeweils 50 m hohen Türme im Osten konnten erst im 15. und 16. Jh. vollendet werden. Aus der romanischen Epoche blieben das Westportal und das doppelbögige Südportal erhalten. Im Inneren sind vor allem der Altaraufsatz und die spätgotische Steinkanzel (um 1500) sehenswert.

■ Münsterplatz, www.villingen-muenster.de

Internationales Luftfahrtmuseum

| Ausstellung |

Technikfans zieht es in dieses Museum beim Sportflughafen am Ostrand der Stadt. Auf 13 000 m² Ausstellungsfläche zeigen hier die Eheleute Pflumm ihre spannenden Exponate. Vom einfachen Segelflieger bis zum Düsenjäger, mehr als 50 historische Flugzeuge gibt es zu bestaunen.

■ Spittelbronner Weg 78, Tel. 077 20/663 02, www.luftfahrtmuseum.pflumm.eu, März–Okt. Di–So 9–19, Nov.–Feb. Di–So 9–17 Uhr

Restaurants

€€ | **Ochsenstube** Klassisches Á-la-carte-Restaurant mit gemütlich-eleganter Ausstattung und sehr guter,

bodenständiger Küche. ■ Bürkstr. 59, Tel. 077 20/83 90, www.hotelochsen.com, Di–Sa 18–13, Sa 11.30–15 Uhr

Cafés

Eiscafe Zampolli Im traditionsbewussten, italienischen Eiscafé mitten in der belebten Fußgängerzone von Villingen gibt es hervorragende Eisbecher mit leckerem, selbst produziertem Eis. ■ Rietstr. 33, Tel. 077 21/328 65, www.zampolli-vs.de, Mo–Sa 9.30–22, So 10.30–22 Uhr

Sport

Eisstadion und Kunsteisbahn Das sportliche Highlight der Stadt ist das Eisstadion der Schwenninger Wild Wings, die hier gegen die Topmannschaften der Deutschen Eishockey-Liga um Punkte kämpfen. Für alle Nicht-Eishockeyfans steht außerdem eine Kunsteisbahn bereit, auf der schnelle Runden auf Kufen gedreht werden können. ■ Kunsteisbahn GmbH, Zum Mooswäldle 7-9, Tel. 077 20/628 80, www.kunsteisbahn-vs.de, die Öffnungszeiten variieren

Wandern

Paradiestour Groppertal Der lohnende Schwarzwälder Genießerpfad führt als Rundweg von etwa 11 km Länge beidseitig des Groppertals von Villingen aus durch wunderschöne Wälder

Im Blickpunkt

Spezialitäten der Schwarzwaldküche

Zu einer genussvollen Wanderung durch den Schwarzwald gehört auch eine zünftige Vesper. Hungrige Ausflügler können zwischen zahlreichen lokalen Spezialitäten wählen:

Bibbeliskäs: Mit fein gehacktem Schnittlauch angemachter Quark, der mit Pellkartoffeln serviert wird.

Brägele: Mit Speck angebratene Kartoffelscheiben.

Flädlesuppe: In feine Streifen geschnittene Pfannkuchen als Suppeneinlage.

Flammkuchen: Elsässische Pizzavariante, belegt mit Zwiebeln, Speck und Sauerrahm. Der Teig wird auf dem Blech ausgebacken.

Knöpfle: Badische Spätzle, für deren Herstellung der Teig durch ein Lochsieb gestrichen wird, wobei sich kleine Kügelchen formen. Die etwas länglichere Spätzle-Variante wird von einem Brett geschabt.

Maultaschen: Taschen aus flach ausgerolltem Nudelteig mit Hackfleisch, Spinat oder Käse gefüllt. Sie werden angebraten oder in Brühe serviert.

Schäufele: Mild gepökelte und leicht geräucherte Schweineschulter.

Schupfnudeln: Eine badische Gnocchi-Variante aus Kartoffelteig.

Schwarzwaldforelle: Wahlweise geräuchert, als Forelle blau (gekocht), nach Müllerin Art (in Butter gebraten) oder ›beschwipst‹ (in Weißwein gegart).

Wurstsalat: Meist mit zweierlei Wurstsorten, Zwiebeln und einer Vinaigrette angerichteter Salat. Die elsässische Variante enthält zusätzlich Emmentaler Käse.

Handbemalte Schwarzwalduhren aus dem 19. Jh. im Deutschen Uhrenmuseum

vorbei an verschiedenen Brunnen, einem interessanten Wildgehege und zwei schönen Gasthäusern. ■ Tourist Info Villingen, Rietgasse 2, Tel. 07721/ 82 25 25

In der Umgebung

Donauquelle in Donaueschingen

| Quelle |

In Donaueschingen am Zusammenfluss der beiden Donauquellflüsse Brigach und Breg befindet sich nicht nur das Fürstlich Fürstenbergische Schloss mit seinen prunkvollen Salons, sondern auch die Karstquelle, die den Stadtvätern nach die einzig wahre Donauquelle ist. Die gefasste Quelle in der nordwestlichen Ecke des fürstlichen Parks wurde jüngst aufwendig saniert und ist der ganze Stolz der Einwohner der Stadt.

■ April–Okt. 6–12, Nov.–März 7–18 Uhr

Thyssenkrupp-Testturm

| Aussichtspunkt |

Freunde des Fernblicks sollten Deutschlands höchste Besucherplattform aufsuchen. Barrierefrei und mit überdachtem Innenraum bietet sich in 232 m Höhe ein einzigartiges Panorama. Hinauf geht es mit dem schnellsten Panoramaaufzug Deutschlands (8 m/Sek.).

■ Berner Feld 60, Rottweil, Tel. 07 41/ 20 82 37 01, testturm.thyssenkrupp-elevator.com, Fr–So 10–18, Sa bis 20 Uhr, Eintritt 9 €, erm. ab 5 €

23 Furtwangen

Früheres Zentrum der Uhrenindustrie im mittleren Schwarzwald

Information

■ Tourist Information, Lindenstr. 1, Tel. 077 23/929 50, www.furtwangen.de

Schon im 12. Jh. machten Mönche des Klosters St. Georgen die Talsenke der Breg urbar, in der sich heute die kleine Industriestadt Furtwangen ausbreitet. Begünstigt durch eine um 1850 gegründete Uhrmacherschule (heute Fachhochschule), avancierte der Ort im 19. Jh. zu einem Zentrum der Uhrenherstellung. Nach dem Zweiten Weltkrieg lösten feinmechanische und elektrotechnische Betriebe die Uhrenfabriken ab. Geblieben ist Furtwangen eine großartige Uhrensammlung, die bereits 1852 von Robert Gerwig (1820–85), dem Erbauer der Schwarzwald- und Höllentalbahn, begründet wurde.

Sehenswert

Deutsches Uhrenmuseum

| Museum |

Mit dem Kuckuck eine Reise durch die Zeit unternehmen

Das Deutsche Uhrenmuseum ist mit über 8000 Objekten eines der größten seiner Art in Deutschland und stellt auf 1400 m² mehr als 1000 Uhren aus. Einen Schwerpunkt stellen naturgemäß die Schwarzwalduhren. Im »Workshop Kuckucksuhr« kann eine funktionsfähige Kuckucksuhr gestaltet und hergestellt werden.

■ Robert-Gerwig-Platz 1, Tel. 077 23/920 28 00, www.deutsches-uhrenmuseum.de, April–Okt. tgl. 9–18, Nov.–März tgl. 10–17 Uhr, Eintritt 6 €, Workshop ab 40 €

Restaurants

€ | **Gasthaus Kalte Herberge** Bodenständige Küche in gemütlicher Gaststube. Der Gasthof liegt genau auf der Europäischen Wasserscheide: Das Wasser aus der vorderen Dachrinne soll der Donau zufließen, das aus der hinteren dem Rhein. ■ Urachtalstr. 50, Vöhrenbach/Urach, Tel. 077 23/73 89, www.kalte-herberge.de, Mo, Mi–Sa ab 15 Uhr, So ganztägig, Dez.–März auch Mo geschl.

€ | **Kolmenhof** Hervorragende regionale, bayrische und vegetarische Gerichte zu guten Preisen. In der Nähe liegen die Martinskapelle und die geografische Donauquelle. ■ Neuweg 11, Tel. 077 23/931 00, www.kolmenhof.de, Mo–So 8–20.30 Uhr

Im Blickpunkt

Schwarzwälder Präzision

Geburtsstunde und -ort der Schwarzwalduhr lassen sich weder exakt datieren noch lokalisieren. Es dürfte um das Jahr 1640 gewesen sein, als man im Raum Furtwangen die erste Holzuhr fertigte. Die Schwarzwälder erwiesen sich als ausgesprochen innovative Tüftler und ließen bald Waag-, Schilder- und Flötenuhren folgen, darunter auch so manches kuriose Modell, etwa die Metzgeruhr, bei der zu jeder vollen Stunde ein Schlachter einen Ochsen erschlägt. Der Erfolg der Schwarzwalduhr beruhte neben dem günstigen Preis auf ihrer Doppelfunktion: Sie war nicht nur ein verlässliches Instrument zur Zeitmessung, sondern aufgrund des ausgefallene Designs v. a. ein dekoratives Schmuckstück. So avancierte die Kuckucksuhr zum Klassiker schlechthin, der bis heute in alle Welt exportiert wird.

In der Umgebung

Hexenlochmühle

| Mühle |

Die Hexenlochmühle darf guten Gewissens als »die Schwarzwaldmühle schlechthin« bezeichnet werden. Mit ihrer rustikalen Schindelfassade und zwei großen Mühlenrädern, präsentiert sich die fotogene Mühle von 1825 wie aus dem Bilderbuch.

■ Hexenlochstr. 13/14, Tel. 077 23/73 22, www.hexenlochmuehle.de, tgl. 9– 18.30 Uhr

24 St. Märgen

Klosterstädtchen und Hochburg der Schwarzwälder Pferdezucht

Information

■ Tourist Information, Rathausplatz 6, 79274 St. Märgen, Tel. 076 52/120 60, www.sankt-maergen.de

Das sehenswerte, unterhalb des Thurnerpasses gelegene St. Märgen bietet nicht nur ein schönes Ortsbild, sondern auch beeindruckende, weite Ausblicke zum Feldberg und zum Schauinsland. Der Luftkurort und Wintersportplatz ging aus dem von lothringischen Augustinerchorherren gegründeten Kloster Cella Sanctae Mariae hervor und entwickelte sich dank eines mitgebrachten Marienbildes zu einem Wallfahrtsort.

Sehenswert

Klosterkirche St. Märgen

| Kirche |

Die barocke, schon von weitem gut sichtbare Klosterkirche St. Märgen ist ein ehemaliges Augustiner-Chorherrenstift, das um 1118 gegründet wurde. Fünfmal brannte das Kloster nieder, fünfmal wurde es im Laufe der Jahrhunderte wieder aufgebaut. Das Wahrzeichen von St. Märgen sind die barocken Zwillingstürme der Klosterkirche. Das angeschlossene Klostermuseum zeigt neben sakraler Kunst und Hinterglasmalerei eine sehenswerte Ausstellung zu Geschichte und Verbreitung der Schwarzwalduhren, darunter eine hölzerne Waaguhr (1680) der Gebrüder Georg und Matthias Krentz.

■ Rathausplatz 1, Tel. 076 69/911 80, www.kloster-museum.de

Restaurants

€€ | **Gasthaus Felsenstüble** Urige Wirtschaft in wunderschöner Umgebung mit leckeren regionalen Gerichten und einer großen Auswahl an deutschen und belgischen Bieren. ■ Glashütte 17, Tel. 076 69/707, www.felsenstueble.de, Do–Mo

Cafés

Café Goldene Krone Das in der ehemaligen Klosterherberge untergebrachte schöne Café bietet ein hervorragendes Kuchen- und Tortenangebot und wird von Landfrauen geführt. Ebenfalls empfehlenswert sind die selbst gemachten Liköre. ■ Wagensteigstr. 10, Tel. 076 69/939 99 88, www.cafe-goldene-krone.de, Mi–Fr 12–18, Sa 14–18, So 12–18 Uhr

Schwarzwälder Landcafé Von der Hauptstraße aus leicht mit einer einfachen Backstube verwechselbar, versteckt sich im Café ein großer Gastraum und eine herrliche Sonnen-

Der schneebedeckte Feldberg mit der Klosterkirche von St. Märgen im Vordergrund

terrasse mit leckerem Kuchenangebot, das Ganze wird untermalt von einer tollen Aussicht. ■ Wagensteigstr. 1, Tel. 07669/9395295, schwarzwaelder-landmarkt.eu, Mo–Sa 6–18, So 10–18 Uhr

Events

Kaltbluttage und Rossfest St. Märgen ist bekannt für die Schwarzwälder Kaltblutpferdezucht. Mehrmals im Jahr wird St. Märgen deshalb zur Hochburg für Pferdefreunde. Züchtertage, Pferdemärkte, Festumzüge und im Dreijahres-Rhythmus das große Rossfest (nächstes Mal 2019) zählen zu den Höhepunkten. ■ www.schwarzwaelder-pferdezuchtgenossenschaft.de

Wandern

Wanderung zum Zweribach-Wasserfall Von. St. Märgen aus führen schöne Wanderwege vorbei am Wildgutach- und durch das obere Simonswäldertal zu den beliebten Zweribach-Wasserfällen. Umgeben von mystischem Bannwald liegen die Wasserfälle idyllisch inmitten eines Naturschutzgebietes. ■ www.zweitaelerland.de/Media/Attraktionen/Zweribach-Wasserfall

25 St. Peter

Klosterort mit gelebtem Brauchtum und einzigartiger Trachtentradition

Information

■ Tourist Info, Klosterhof 11, 79271 St. Peter, Tel. 07652/12068370, www.hochschwarzwald.de/St.-Peter

In dem kleinen Luftkurort St. Peter am Südhang des Kandel wird Tradition groß geschrieben. An kirchlichen Feiertagen kleidet man sich festlich in Tracht. Der hier gefertigte Schäppel, ein aus Glasperlen und Spiegelchen gefertigter kronenartiger Kopfschmuck für ledige Frauen, sucht im ganzen Schwarzwald seinesgleichen. Und die

Trachtenkapelle und Tanzgruppe von St. Peter hat keine Nachwuchssorgen.

Verkehrsmittel

Zwischen St. Märgen und St. Peter fährt in kurzen, regelmäßigen Abständen die **Buslinie 7216.** Mit dieser kann die Strecke bequem ohne eigenes Auto zurückgelegt werden.

Sehenswert

Kloster St. Peter

| **Kloster** |

5 *Prunkvolle katholische Kirche mit sehenswertem Kloster*

Die sehenswerte Benediktiner-Klosterkirche ist bereits bei der Anfahrt nach St. Peter weithin sichtbar. Das opulente Erscheinungsbild der heutigen Pfarrkirche entstand 1724–27 nach einem Entwurf des Vorarlberger Baumeisters Peter Thumb. Der Kircheninnenraum präsentiert sich als großräumige Wandpfeilerhalle mit einer Emporengalerie über den Seitenkapellen. Die Decken und Wände sind reich mit Stuckaturen und kleinteiligen Gemälden ausgestattet. An den Wandpfeilern sind die goldverzierten Statuen der Zähringer-Herzöge von Joseph Anton Feuchtmayr beachtenswert. Ein echtes Juwel des Rokoko ist der Bibliothekssaal im angrenzenden einstigen Klostergeviert.

■ Klosterhof 2, Tel. 07660/91010, www.st-peter.eu, Besichtigung nur mit Führung Di 11, Do 15, So 11.30 Uhr

Restaurants

€€ | **Gasthof Jägerhaus** Regionale Küche können die Gäste im sympathischen Gasthaus Jägerhof genießen.

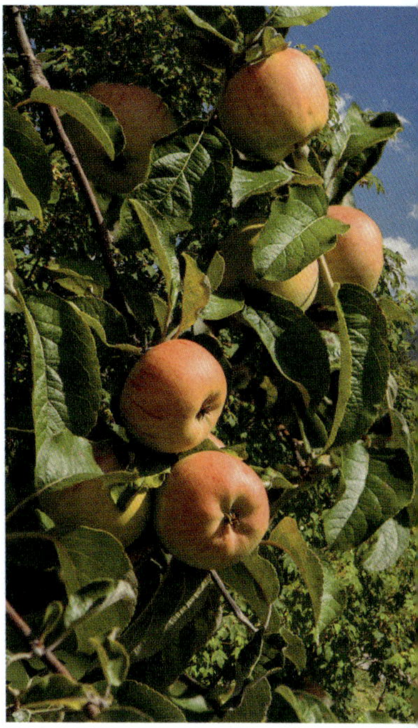

Bei schönem Wetter locken die Sonnenterrasse und ein leckeres Stück Kuchen. ■ Mühlegraben 18, Tel. 07660/94000, www.hotel-jaegerhaus.de, Mo, Di, Do 14–21, Fr–So 10–21 Uhr

€€€ | **Zur Sonne** Das Hotelrestaurant bietet eine Mischung aus badischer Regionalküche und französischer Haute Cuisine. Auf der Karte stehen z. B. mariniertes Zicklein mit eigenem Käse oder in Trüffelsud geschmorte Taube. Kochkurse im Haus. ■ Zähringer Str. 2, Tel. 07660/94010, www.sonne-schwarzwald.de, Di–So 12–14, 18–21 Uhr

Wandern

Von St. Peter aus führen gleich zwei ausgesprochen lohnende Wanderwege von ca. 7 km Länge in den Nachbar-

Barockes Schmuckstück: das Kloster St. Peter mit seinen Zwiebeltürmen

ort St. Märgen (S. 72). Beide Wanderstrecken sind malerisch und können auch als Rundweg kombiniert werden. Der Panoramaweg mit herrlichen Aussichten führt im Norden an der Vogesenkapelle und der Kapfenkapelle vorbei. Die südlichere Route verläuft durch Wiesen und Weiden am Schafhof und dem Steinhäuslehof vorbei.

26 Glottertal

Im Schatten des Kandel liegt die Heimat der Schwarzwaldklinik

Information

■ Tourist Information Glottertal, Rathausweg 12, 79286 Glottertal, Tel. 076 84/ 910 40, www.glottertal.de

Westlich von St. Peter führt die Badische Weinstraße ins Glottertal mit dem gleichnamigen Örtchen hinab. Es ist das wohl berühmteste Schwarzwaldtal und Schauplatz der »Schwarzwaldklinik«, einer der erfolgreichsten TV-Serien der 1980er Jahre. Heute besticht das Tal vor allem wegen seiner landschaftlichen Reize. Vom Kandel (1243 m) überragt, liegen im oberen Abschnitt stattliche Höfe, im unteren Bereich bedecken Rebgärten die Hänge.

Sehenswert

Kandel

| Berg |

Um den 1242 m hohen Kandel am Rande des Glottertals ranken sich viele Sagen. Den Namen bekam der Berg

von den Kelten, die in dem weiß glänzenden Berg den Sitz ihres Gottes Wotan sahen. Heute wird der Berg vor allem von Freunden des Hexentums geschätzt, denn er gilt als Blocksberg, Treffpunkt von Hexen, der in der Walpurgisnacht zum beliebten Ziel wird.
Das Kandelgebiet ist ein lohnendes Wandergebiet, das aber aufgrund der Höhenunterschiede eine gute Kondition voraussetzt. Auch weniger Geübte finden jedoch herrliche Routen vor – so z.B. einen ca. 2 km kurzen Rundweg oder die 7 km lange Kandel-Tour. ■ www.glottertal.de/text/403/de/erlebnis-kandel.html

Restaurants

€€€ | **Gasthaus Zum goldenen Engel** Chefkoch Michael Mannel präsentiert in dem komfortabel und stilvoll eingerichteten Schwarzwaldgasthof gehobene badische Kochkunst mit Einflüssen aus Frankreich und der Schweiz. ■ Friedhofweg 2, Tel. 07684/250, www.engel-glottertal.de, Do–Di 12–14, 18–21 Uhr

ADAC *Wussten Sie schon?*

Dass hier im Glottertal die berühmte »**Schwarzwaldklinik**« gedreht wurde? Allerdings ist die Thure-von-Uexküll Klinik, die einst als Kulisse für die weltweit bekannte Erfolgsserie diente, nicht der Öffentlichkeit zugänglich.
In der 2014 komplett renovierten Klinik werden heute unter modernsten Therapiebedingungen psychosomatische Erkrankungen behandelt.
Badstr. 2, www.uexkuell-klinik.de, keine Besichtigung möglich

Cafés

Café Glotterstuble Im schönen Café mit Gartenterrasse und gemütlich eingerichteter Bauernstube gibt es ein wunderbares Kuchen und Tortenangebot aus der hauseigenen Konditorei. ■ Talstr. 109, Tel. 07684/268, www.cafeglotterstueble.de.tl, Mo–Sa 12–19, So 10–19 Uhr

Einkaufen

Winzergenossenschaft Glottertal Die Reben im Glottertal wachsen auf den steilsten und höchstgelegenen (bis 500 m ü.M.) Weinbergen Deutschlands. In den großzügig gestalteten Verkaufsräumen der Winzergenossenschaft finden Sie eine große Auswahl an Weinen der Region sowie Sekt, edle Brände und Liköre. ■ Winzerstr. 2, Tel. 07684/91091, www.wg-glottertal.de

27 Waldkirch

Gemütliches Städtchen mit Kandelblick und Baumpfad in schwindelnder Höhe

Information

■ Tourist Information, Marktplatz 1-5, 79183 Waldkirch, Tel. 07681/19433, www.stadt-waldkirch.de

Waldkirch ist ein schönes Städtchen am Ausgang des Elztals mit herrlichem Blick auf den 1242 m hohen Kandel. Im Jahr 918 bereits das erste Mal urkundlich erwähnt, wurde die Stadt im 13. und 14. Jh. von den schwarzenberger Vögten geprägt. Sie bauten auch die Kastelburg und Schwarzenburg. Beide Anlagen sind jedoch heute nur noch als Ruinen zu besichtigen.

Wanderer genießen vom Kandel einen herrlichen Weitblick ins Glottertal

Das rundum gemütliche Städtchen ist Mitglied der »Cittaslow«-Bewegung, die sich die Entschleunigung und eine Verbesserung der Lebensqualität in den Städten auf die Fahnen geschrieben hat. Beides gelingt der Ortschaft Waldkirch mit seinem schönen historischen Stadtkern und einem herrlichen Marktplatz vorbildlich.

Sehenswert

Kastelburgruine

| Ruine |

Die Kastelburg wurde im 13. Jh. durch die Herren von Schwarzenberg als Höhenburg errichtet. 300 Jahre später wurde sie im Dreißigjährigen Krieg durch kaiserliche Truppen zerstört, um sie nicht den vorrückenden Schweden zu überlassen. Heute ist sie ein beliebtes Ausflugsziel. Vom wieder aufgebauten Bergfried hat man eine fantastische Aussicht über das Elztal, auf den Kandel und bis in die Rheinebene.

■ Erreichbar über den Ritterwanderweg (S. 78)

Baumkronenweg

| Aussichtspunkt |

Der Baumkronenweg bietet in schöner Höhenlage nicht nur spannende Klettermöglichkeiten, sondern vor allem eine tolle Aussicht über Waldkirch und das Elztal. Der Weg hinauf ist anstrengend, aber dank unterschiedlicher Erlebnisstationen kurzweilig. Belohnung am Ende des Aufstiegs ist ein barrierefrei begehbarer, befestigter Weg bis in die Baumwipfel – am höchsten Punkt 23 m über dem Boden. Barfußpfad, Grillstelle, Spielplatz und Abenteuerpfad inklusive.

■ www.baumkronenweg-waldkirch.de, April–Nov. tgl. geöffnet, variierende Öffnungszeiten

Die Kreisstadt Waldkirch erstreckt sich in schöner Lage an den Ausläufern des Elztals

Edelsteinschleiferei Wintermantel

| Museum |

Die unter Denkmalschutz stehende Historische Edelsteinschleiferei zeugt noch heute von der handwerklichen Kunst, für die Waldkirch vor allem im Mittelalter weithin bekannt war. Die mehr als 150 Jahre alte Werkstatt zeigt die gesamte Bandbreite der Edelsteinschleiferei im Breisgau. Einst wurden die Rohlinge von weit her importiert, um in Waldkirch zu funkelnden Edelsteinen verarbeitet zu werden.

■ Elztalstr. 2, Tel. 076 81/60 14, Führungen Di 10.30 Uhr, Eintritt frei, Spenden erbeten

Parken

Parken kann man in Waldkirch am besten in Stadtrainsee-Nähe auf dem öffentlichen Parkplatz am Ende der Erwin-Sick-Staße; zentral gibt es nur wenige kleine Parkhäuser.

Restaurants

€ | **Gasthaus Zur Straußi** Badische Spezialitäten und faire Preise gibt es im urigen Gasthaus Zur Straußi. In rustikalem Ambiente und auf der schönen Sommerterrasse lässt sich auch prima ein Glas Wein genießen. ■ Schwarzwaldstr. 18, Tel. 076 81/92 85, www.straussi-buchholz.de, Mo, Mi–Fr 17–24, Sa 15–24, So 12–24 Uhr

€€ | **Hirschenstube** Urgemütlich mit sehr guter Karte und hervorragendem Service bietet die Hirschenstube badische und internationale Küche mit mediterranen Einflüssen. ■ Schwarzwaldstr. 45, Waldkirch-Buchholz, Tel. 076 81/47 77 70, www.hirschenstube.de, Di–Sa 11.30–13.45, 17.30–20.30 Uhr

Kinder

Ritterwanderweg Über den Ritterwanderweg gelangt man zur schönen Kastelburgruine. Den Weg säumen alle

paar Meter Ritterfiguren in Lebensgröße mit spannenden Tafeln, die über das Leben der Ritter in Waldkirch informieren. ■ Beginn 200 m hinter dem Bahnhof Waldkirch, Abzweig Heitereweg

Events

Internationales Orgelfest Alle drei Jahre findet das Waldkircher Orgelfest statt (z.B. 2020). Dann reisen Orgelfreunde und -spieler aus aller Welt an, um drei Tage lang diesem besonderen Instrument bei Solo- und Orchesterkonzerten zu huldigen. ■ Weitere Information bei der Tourist Information Waldkirch (S. 76)

In der Umgebung

Hochburg Emmendingen

| Ruine |

6 *Einblick in den Alltag des Mittelalters in einer Festungsanlage*

Die Hochburgruine ist die größte und schönste Festungsanlage Baden-Württembergs. Die insgesamt 250 m

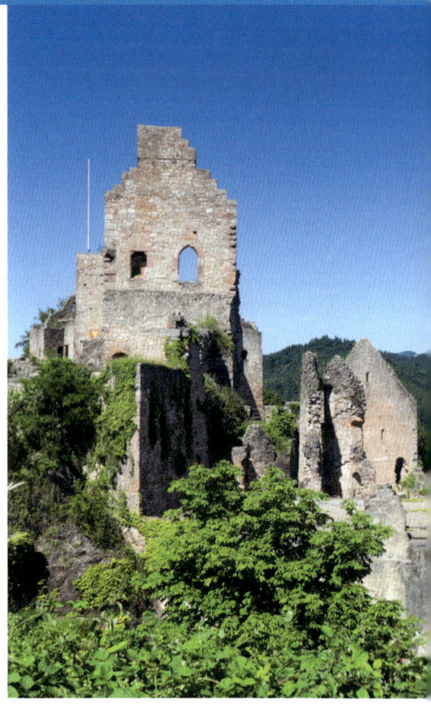

Hochburg Emmendingen – die größte Burgruine Südbadens

lange Anlage (Nord-Süd-Ausrichtung) hat eine bewegte Geschichte hinter sich, die bereits im 11. Jh. mit der Burggründung durch Dietrich von Hachberg ihren Ausgang nahm. Im 17. Jh. gleich mehrfach zerstört, wird sie seit 1971 vom Verein zur Erhaltung der Ruine Hochburg e.V. gepflegt und unterhalten. Nach Westen hin bietet die Burg einen herrlichen Blick auf den Kaiserstuhl und bis zur Rheinebene, nach Osten breitet sich der Schwarzwald aus. Der sehenswerten Festungsanlage mit Oberer und Unterer Burg ist ein kleines Museum angeschlossen.

■ Hochburg Museum, April–Okt. So 13–17 Uhr, Eintritt frei, Führungen durch die Ruine auf Anfrage

ADAC *Mittendrin*

Einmal im Jahr findet auf der Hochburg das mittelalterliche **Hochburgfest** statt. Dann verwandelt sich die Ruine in eine mittelalterliche Burg, in der traditionelles Handwerk gezeigt und gepflegt wird. Ein großer Spaß für die ganze Familie, der mit dem traditionellen Einmarsch und Salutschüssen stets gegen 11 Uhr beginnt.

Weitere Information bei Tourist Information Emmendingen, Tel. 07641/19433, immer am ersten So im Sept.

Übernachten

Im mittleren Schwarzwald gibt es viele attraktive Übernachtungsmöglichkeiten – vorrangig im mittleren Preissegment. Große Hotelketten sucht man in der Regel vergeblich. Es dominieren Gasthöfe, Pensionen und kleinere familiengeführte Hotels. Abseits der größeren Städte gibt es oft auch ein Angebot an Gästezimmern auf Bauernhöfen und Ferienwohnungen. Gehobene Hotels finden sich vor allem in Triberg und in Offenburg. Am schönsten wohnt es sich jedoch außerhalb der Städte inmitten der herrlichen Natur. Die Touristeninformationen vor Ort sind gern bei der Zimmersuche behilflich.

Wolfach 49

€€€ | **Naturparkhotel Adler** Die Zimmer und Suiten des ruhig gelegenen Hauses mit großzügigem Wellnessbereich sind im Landhausstil eingerichtet. Direkt vor der Haustür beginnen Wanderwege und eine 12,5 km lange Loipe. ■ St. Roman 14, 77709 Wolfach-St. Roman, Tel. 078 36/937 80, www.naturparkhotel-adler.de

Gengenbach 54

€€ | **Die Reichsstadt** Geschmackvoll eingerichtete Zimmer, stilvolles Ambiente, hervorragende Küche – so präsentiert sich das in wunderschöner Umgebung gelegene Vier-Sterne-Hotel. ■ Engelgasse 33, 77723 Gengenbach Tel. 078 03/966 30, www.die-reichsstadt.de

Offenburg 56

€€ | **Sonne** Sehr zentrale Lage neben dem Rathaus in der Fußgängerzone, 52 komfortable Zimmer im historischen Ambiente des 19. Jh. ■ Hauptstr. 94, 77652 Offenburg, 07 81/93 21 60, www.hotel-sonne-offenburg.de

Triberg 63

€ | **Berghotel Schiller** Kleine Pension mit acht gemütlichen Zimmern oberhalb des Ortes am Ausgangspunkt von Wanderwegen und Loipen. ■ Schillerstr. 2, 78136 Schonach, 4 km von Triberg, Tel. 077 22/92 04 40, www.berghotel-schiller.com

€€ | **Zum Ochsen** Das Wellness- und Sporthotel liegt inmitten einer großen Parklandschaft und bietet Wohnkomfort in 31 stilvollen Zimmern und sieben geräumige Suiten. Zum Haus gehören Hallenbad, Sauna, Beautyfarm, Tennisplatz, Neun-Loch-Golfplatz und ein Restaurant. ■ Ludwig-Uhland-Str. 18, 78141 Schönwald, 8 km von Triberg, Tel. 077 22/86 64 80, www.ochsen.com

€€€ | **Parkhotel Wehrle** Die 50 Komfortzimmer verteilen sich auf das Hauptgebäude mit altem Fachwerkteil sowie eine Parkvilla und ein modernes Gästehaus. Hinzu kommen ein gut ausgestatteter Wellnessbereich sowie das viel gelobte Restaurant »Ochsenstube«. ■ Gartenstr. 24, 78098 Triberg, Tel. 077 22/860 20, www.parkhotel-wehrle.de

Villingen-Schwenningen 67

€ | Bosse 31 Zimmer in ruhiger Lage im Kurviertel am nördlichen Stadtrand. Im hauseigenen Spezialitäten-Restaurant werden Leckereien wie Fischmaultäschle oder Tafelspitz aufgetischt. ■ Oberförster-Ganter-Str. 9, 78048 Villingen-Schwenningen, Tel. 077 21/580 11, www.hotel-bosse.de

€ | Central Hotel Schickes Design-Hotel mitten im Herzen von Villingen-Schwenningen in Fußnähe der Einkaufsstraßen. ■ Alte Herdstr. 12, 78054 Villingen-Schwenningen, Tel. 077 20/30 30, www.centralhotel-vs.de

Gutachtal 60

€ | Adler 19 komfortabel möblierte Gästezimmer in hübschem Fachwerkhaus. In der heimeligen Gaststube kommt feine Regionalküche auf den Tisch. ■ Hauptstr. 66, 78132 Hornberg, 5 km von Gutach, Tel. 078 33 93 59 90, www.hotel-adler-hornberg.de

€€ | Villa Junghans Die Gründerzeitvilla des Schramberger Uhrenbarons Erhard Junghans offeriert heute inmitten eines herrlichen Parks modern ausgestattete Komfortzimmer mit nostalgischem Flair. ■ Bauernhofweg 25, 78713 Schramberg, 19 km von Gutach, Tel. 074 22/560 11 30, www.villa-junghans.de

Glottertal 75

€ | Landidyll Hotel Zum Kreuz Traditionsreiches, familiengeführtes Hotel im Glottertal. Restaurant mit hervorragender Küche. Im Angebot sind Wohlfühl-Zimmer im Landhausstil. ■ Landstr. 14, 79286 Glottertal, Tel. 076 84/80 80, www.zum-kreuz.de

Waldkirch 76

€ | Silberkönig Ringhotel Liebevoll geführt und in hervorragender Lage bietet das Hotel Silberkönig rund 60 komfortabel eingerichtete Zimmer. Empfehlenswert ist auch das angeschlossene stilvoll eingerichtete Restaurant »St. Georgs Stube«. ■ Silberwaldstr. 24, 79261 Gutach im Breisgau, 8 km von Waldkirch, www.silberkoenig.de

ADAC *Das besondere Hotel*

In den Weinbergen von Oberkirch-Bottenau im mittleren Schwarzwald entstand 2017 das Baumhaushotel **Waldhütten Zauber** mit vier Baumhäusern, die ein einzigartiges Naturerlebnis versprechen. Die in den Hang gebauten Häuser verfügen auf jeweils 25 bis 30 m² Fläche auch über Bad und Balkon. Alle Hütten sind mit Naturholzmöbeln ausgestattet.

€€ | Weintalstr. 28, Oberkirch-Bottenau, Tel. 078 02/70 65 29, www.schwarzwald-baumhaushotel.de

Südschwarzwald – tiefe Schluchten und Badeseen

Seen in traumhafter Landschaft, eine lebendige Studentenstadt und die schönsten Berge der Region locken im Sommer wie im Winter

Der Südschwarzwald ist der meistbesuchte und vielleicht schönste Teil des Schwarzwalds. Der Hochschwarzwald mit dem Feldberg (1493 m) gilt als das Dach des Mittelgebirges. Herrliche Seen wie der Schluchsee und der Titisee finden sich hier ebenso wie die schönste Schlucht im Schwarzwald, die Wutachschlucht. Freiburg, die inoffizielle Hauptstadt der Region, mit seiner Altstadt und dem Hausberg Schauinsland bildet die ideale Basis.

In diesem Kapitel:

ADAC Top Tipps:

7 **Freiburger Münster**
| Kirche |
Ehrwürdige Kirche im Herzen der Stadt mit zahlreichen mittlalterlichen Kunstschätzen. 94

8 **Wutachschlucht, bei Titisee-Neustadt**
| Schlucht |
Eindrucksvolle Schlucht mit atemberaubender Landschaft. 106

9 **Schluchsee**

| See |
Der größte See im Schwarzwald auf knapp 1000 m Höhe ist ein beliebtes Sommerreiseziel. 106

10 **Hasenhorn Coaster, Todtnau**
| Sommerrodelbahn |
Spektakulärer Abfahrtsspaß für die ganze Familie. 119

ADAC Empfehlungen:

Münster St. Stephan, Breisach

| Kirche |

Weithin sichtbares Münster mit herrlichem Blick auf Frankreich. 87

Restaurant Lenzenberg, Kaiserstuhl

| Restaurant |

Badische Küche mit Aussicht über die Hänge des Kaiserstuhls. 89

Rebenbummler, Kaiserstuhl

| Zug |

Mit der historischen Eisenbahn durch die Weinanbauregion. 89

Stefans Käsekuchen, Freiburg

| Kulinarische Spezialität |

Bester Käsekuchen der Region. 99

Schauinsland, bei Freiburg

| Berg |

Wander- und Naturerlebnis unmittelbar vor den Toren Freiburgs. 100

Steinwasen-Park, bei Freiburg

| Erlebnispark |

Ideales Familienziel: ein spannender Freizeitpark mit Tiergehege. 101

Ospelehof, Hinterzarten

| Gehöft |

Hausgemachte Spezialitäten. 103

Badeparadies, Titisee-Neustadt

| Erlebnisbad |

Größtes Spaßbad im Schwarzwald mit Hightech-Rutschen. 106

Fundorena, Feldberg

| Sportstätte |

Indoor-Aktivitäten auf dem Feldberg für Groß und Klein. 109

Benediktinerkloster St. Trudpert, Münstertal

| Kloster |

Geschichtsträchtige Klosteranlage mit irischen Wurzeln. 112

Martin-Heidegger-Rundweg, Todtnau

| Wanderung |

Philosophenpfad mit Designer-Sitzgelegenheiten. 119

Dom St. Blasien

| Dom |

Ein Hingucker im Albtal: Abteikirche mit imposanter Kuppel. 120

 Höllental

Landschaftlich spannendes Nadelöhr zwischen Himmelreich und Hölle

Information

■ Hochschwarzwald Tourismus GmbH, Freiburger Str. 1, 79856 Hinterzarten, www.hochschwarzwald.de

Wo es ein Himmelreich gibt, kann die Pforte zur Hölle nicht allzu weit sein. 12 km östlich der Breisgaumetropole Freiburg zieht sich oberhalb des Weilers Himmelreich das felsige Höllental zum Höllsteig die Hinterzartener Hochfläche hinauf. Steil aufragende bewaldete Talflanken und abenteuerliche Felshänge rahmen die 10 km lange ausgesprochen malerische Panoramastrecke ein.

Die mit nur 20 m engste Stelle im Höllental ist der sogenannte Hirschsprung. Der Legende nach soll ein Hirsch auf der Flucht vor einem Raubtier die Passage einst übersprungen haben. Heute steht auf dem Felsvorsprung hoch über dem Parkplatz an der B 31 ein viel fotografierter 2,5 m großer Bronzehirsch.

ADAC *Mobil*

An den Adventswochenenden ist es fast aussichtslos in der **Ravennaschlucht** spontan einen Parkplatz zu bekommen. Selbst an der B31 reihen sich die Autos in langer Reihe dicht an dicht. Bequem und einfach ist es, sich vor einem Besuch einen Parkplatz im Internet online zu reservieren! *www.hochschwarzwald.de/weihnachtsmarkt/Anfahrt*

Sehenswert

Ravennaschlucht und Ravennabrücke

| Schlucht |

Die Ravennaschlucht ist ein Seitental des Höllentals und weiß schon gleich im unteren Bereich mit der imposanten, die Schlucht überspannende Ravennabrücke zu beeindrucken. In ihrer heutigen Form, als gemauerter Steinviadukt mit neun Bögen und einer Bogenweite von 20 m, gibt es sie bereits seit dem Jahr 1926. Sie überspannt die Schlucht in 37 m Höhe und auf einer Länge von 224 m. Ein Wanderweg führt auf schmalen, abwechslungsreichen Pfaden über Treppen und Brücken durch das steile Tal – u.a. vorbei am großen und am kleinen Ravenna-Fall – bis nach Breitnau.

Spektakuläres Viadukt der Höllentalbahn: die Ravennabrücke

Höllentalbahn

| **Bahnstrecke** |

Die steilste Bahnstrecke Deutschlands überwindet zwischen Freiburg und Neustadt 600 Höhenmeter und quert den Schwarzwald von Westen nach Osten. Elf Tunnel und etliche Viadukte sorgen auf der traditionsreichen Trasse für ihren besonderen Reiz.

■ tgl. mehrere Verbindungen, Fahrplan siehe www.bahn.de

KuckucksNest

| **Uhr** |

Die größte funktionstüchtige Uhr im Hochschwarzwald findet sich am KuckucksNest, dem Schwarzwalduhren-Verkauf des Hofguts Sternen in Breitnau. Die überdimensionale, durchaus sehenswerte Uhr spielt zu jeder vollen Stunde mit schönem Spielwerk auf. Sie ist die Hauptattraktion des Hofguts.

■ Tel. 076 52/90 11 78, www.hofgut-sternen.de

Einkaufen

Schau-Glasbläserei im Höllental

Dem Hofgut Sternen in Breitnau sind ein großes Andenkengeschäft und eine Schau-Glasbläserwerkstatt angeschlossen. Hier zeigen Glasbläser und Glasmacher traditionelle Handwerkskunst, deren Geschichte bereits im 18. Jh. im Höllental beginnt. Im Steigen-Haus können Schmuck, Uhren und andere exklusive Produkte »Made in Germany« erstanden werden. ■ Hofgut Sternen, Höllsteig 76, Breitnau, Tel. 076 52/90 11 78, www.hofgut-sternen.de, tgl. 9–17 Uhr

Events

Weihnachtsmarkt Ravennaschlucht
Der urige und in dieser Form wohl einmalige Weihnachtsmarkt findet jeweils an den Adventswochenenden am Fuße der Ravennabrücke statt. Von Fackeln beleuchtet finden Besucher hier traditionelle Handwerkskunst und vorweihnachtliche Leckereien. Dazu gibt es den beleuchteten Wichtelpfad mit Märchenfiguren, die kleine Gäste zur Weihnachtspoststation geleiten, sowie eine Schlittschuhbahn am Hofgut Sternen. ■ Hofgut Sternen, Höllsteig 76, Breitnau, www.hochschwarzwald.de/weihnachtsmarkt, Eintritt 4 €, Kinder bis 16 Jahre frei

29 Kaiserstuhl

Fruchtbares Rebland auf einer vulkanischen Sonnenterrasse

Information

■ Kaiserstuhl-Tuniberg Tourismus e. V., Marktplatz 16, 79206 Breisach, Tel. 07667/940155, www.naturgarten-kaiserstuhl.de

Zwischen dem Schwarzwald und den Vogesen erhebt sich nordwestlich von Freiburg der Kaiserstuhl wie eine Insel aus dem Oberrheinischen Tiefland, etwa 16 km lang und maximal 12 km breit. Er gehört zwar eigentlich nicht mehr zum Schwarzwald, ist aber nur einen Katzensprung weit entfernt und zählt daher zu den beliebtesten Ausflugszielen in der Region.

Die lösshaltigen Hänge des Kaiserstuhls gehören zu den ertragreichsten Weinbauregionen Deutschlands

Der jungvulkanische Gebirgsstock entstand bereits vor etwa 16 Mio. Jahren und erreicht mit dem Totenkopf (557 m) seinen höchsten Punkt. Der überaus fruchtbare gelbe Lössboden und das ausgesprochen milde Klima machen das Gebiet am Kaiserstuhl zu einer der ertragreichsten Weinregionen Deutschlands.

Sehenswert

Münster St. Stephan in Breisach
| Kirche |

Majestätischer Kirchenbau auf einer Anhöhe mit Fernblick

Wahrzeichen der Stadt Breisach am Oberrhein zwischen Colmar und Freiburg ist das weithin sichtbare Münster

Im Blickpunkt

Entstehung des Kaiserstuhls

Der Kaiserstuhl ist Teil des Oberrheinischen Tieflandes. Die Geschichte des Kaiserstuhls reicht ca. 60 Mio Jahre zurück. Damals entstand aufgrund plattentektonischer Verschiebungen der Oberrheingraben. Vulkanismus führte dann zur Entstehung der größten Teile des Kaiserstuhls.
Der Name stammt vermutlich aus dem 10. Jh. Im Jahr 994 hielt der römisch-deutsche König Otto III. bei Sasbach einen Gerichtstag ab. Seit dem Tag wurde das gesamte Gebirge »Königsstuhl« genannt. Nach der Kaiserkrönung im Jahr 996 wurde daraus der »Kaiserstuhl«. Nachweislich belegt ist die Bezeichnung »Kaiserstuhl« jedoch erst seit 1304.

ADAC *Mittendrin*

Es gibt kaum etwas Gemütlicheres, als im Frühjahr oder Herbst, der Zeit der **Straußenwirtschaften**, in einer dieser schönen auch »Besenwirtschaften« genannten kleinen Wirtschaften einzukehren und bei einem guten Glas Wein und dem typischen »Bibiliskäs« (mit Schnittlauch angemachter Quark) mit »Brägele« (Bratkartoffeln mit Speck) oder »Badischem Wurstsalat« zu verweilen. Ein kulinarisches Erlebnis für Genießer! *www.kaiserstuhl.eu/gastronomie-am-kaiserstuhl/strausswirtschaften*

St. Stephan auf dem felsigen Münsterberg. Von der Anlage eröffnet sich ein fantastischer Blick über den Rhein und bis nach Frankreich. Das zu Beginn des 13. Jh. begonnene dreischiffige Langhaus und der nördliche Chorturm mit kleinen Dreiecksgiebeln über den Glockengeschossarkaden sind spätromanisch, während der Chor selbst und der Südturm mit dem von vier Ecktürmchen abgeschlossenen Obergeschoss bereits der gotischen Bauphase zuzuordnen sind.

■ Breisach, Tel. 076 67/203, www.st-stephan-breisach.de

Endingen

| Altstadt |

In seinem hübschen mittelalterlichen Stadtkern erhebt sich am Marktplatz das viergeschossige Kornhaus (1617) mit schönem Staffelgiebel, das seit 1974 als Rathaus dient. In den Seitenstraßen lässt sich so manches schmucke Fachwerkhaus entdecken, beispielsweise der Üsenberger Hof nordöstlich vom Marktplatz. Die Fassade des spätgotischen Adelshauses vom Ende des 15. Jh. zieren sehenswerte Fresken, innen dokumentiert das Vorderösterreich-Museum die mehr als 400-jährige Zugehörigkeit zum Hause Habsburg.

■ Ostern–Okt. Mo–Fr 9–12.30 und 14.30–18, Sa 10–13, Nov.–Ostern Mo/Di, Do/Fr 9–12.30 und 14.30–17, Mi 9–12.30 Uhr

Ihringen

| Stadtbild |

Die Ihringer behaupten nicht ohne Grund, im wärmsten Ort Deutschlands zu leben. Der Ort liegt sonnenverwöhnt im Herzen des Kaiserstuhls, und Besucher können wunderbar durch die Gassen oder in der Umgebung flanieren. Auf den nahen Lenzenberg führt ein attraktiver, verschlungener Pfad quer durch die Weinreben. Ihringen ist bereits seit 962 eine Gemeinde, in der Weinbau betrieben wird und edle Tropfen eine wichtige Rolle spielen. Die Stadt strahlt durch und durch badische Gemütlichkeit aus.

■ www.ihringen-touristik.de

Kaiserstuhl-Route

| Panoramastraße |

Als Teil der 500 km langen Badischen Weinstraße schlängelt sich die Kaiserstuhl-Route durch eines der schönsten Weinanbaugebiete Südbadens, dem Kaiserstuhl. Weinentdecker dürfen sich über imposante Ausblicke über Weinberge und sonnenverwöhnte Täler freuen. Winzerdörfer mit verwinkelten Gassen und alten Fachwerkhäusern, stattliche Gehöfte und gemütliche Wirtschaften lohnen immer wieder einen Stopp. Weinfeste und Weinproben laden ebenso wie hervor-

ragende Gasthöfe und Restaurants zu kulinarischen Hochgenüssen ein.
■ www.badische-weinstrasse.de

Restaurants

€ | **Restaurant Lenzenberg** Im Restaurant Lenzenberg lässt es sich mit herrlichem Panoramablick über die Weinberge des Kaiserstuhls speisen. Typisch Badisches und leckere Wildgerichte mit Zutaten und Produkten aus der Region werden u. a. auch auf der wunderbar großen Terrasse serviert. ■ Lenzenbergstr., Ihringen, Tel. 07668/284, www.lenzenberg.de, Fr–Mi 10–19 Uhr

Einkaufen

Badischer Winzerkeller In diesem Winzerkeller, einer der größten Kellereien Europas, darf hinter die Kulissen der Weinerzeugung geschaut werden. Badische Weine und Sekte können direkt vom Erzeuger erworben werden. Eingekehrt werden kann auf der schönen Weinterrasse. ■ Zum Kaiserstuhl 16, Breisach am Rhein, Tel. 07667/9000, www.badischer-winzerkeller.de, Offene Kellerführungen mit Weinprobe Di, Do, 14.30, April–Sept. zusätzlich So 14.30 Uhr

Erlebnisse

16 **Rebenbummler** Malerische Fahrt mit historischem Reisezugwagen bzw. Museumsdampflok durch die Weinberge zwischen Riegel und Breisach, im Jahr 2018 aber nur ab Bahnhof Breisach. Kann mit einer Rhein-Schiffsrundfahrt verbunden werden. ■ Endingen, Tel. 07642/689990, www.rebenbummler.de

Das Rathaus (rechts) dominiert den mittelalterlichen Marktplatz von Endingen

30 Freiburg

Lebendige Schwarzwaldmetropole mit Ökoprädikat

Sonnenterrasse mit Logenplatz und Weitblick über Freiburg und Umgebung

Information

- Tourist Information, Am Rathausplatz 2-4. 79098 Freiburg, Tel. 07 61/388 18 80, www.freiburg.de
- Parken: siehe S. 98

Freiburg ist eine der lebenswertesten Städte Deutschlands. Auf geniale Weise mischt sich kleinstädtische Atmosphäre mit großstädtischem Kulturangebot und dem weltoffenen Flair einer Universitätsstadt. Das Klima am Austritt der Dreisam aus dem Südschwarzwald ist ausgesprochen mild, die Lage im Dreiländereck verkehrsgünstig. Das französische Straßburg liegt nur einen Katzensprung entfernt, und auch Basel in der Schweiz ist in weniger als einer Autostunde erreichbar. Außerdem genießt Freiburg einen Ruf als »Ökopolis der Nation«. Blockheizkraftwerke in Hotels sind ebenso selbstverständlich wie die Solarstromanlage auf dem Dach des Hauptbahnhofs oder im Stadion des Freiburger Fußballklubs.

Sehenswert

Archäologisches Museum im Colombischlössle

| Museum |

Inmitten der reizvollen Parkanlage, zu der auch ein kleiner Weinberg gehört,

Plan S. 92/93 

befindet sich das Archäologische Museum in einer hübschen, neogotischen Villa (1861). Es zeigt auf drei Etagen Exponate von der Steinzeit bis zum Mittelalter. Beachtenswert sind insbesondere die keltischen Bronzegefäße sowie der alemannische Gold- und Silberschmuck.

■ Tel. 07 61/201 25 71, www.freiburg.de/museen, Di–So 10–17 Uhr

2 Rathausplatz

| Platz |

Die Mitte des von Kastanienbäumen beschatteten Platzes ziert ein Brunnendenkmal mit einer Statue des Franziskanermönchs Berthold Schwarz (gest. 1388), dem Erfinder des Schwarzpulvers. Das ziegelrote gotische Alte Rathaus an der Westseite des Platzes mit seinem markanten Treppengiebel geht auf das Jahr 1559 zurück und wurde nach dem Zweiten Weltkrieg nach alten Vorlagen wieder aufgebaut. Im Norden wird der Platz vom Neuen Rathaus dominiert. Für den großzügigen, jedoch gedrungen wirkenden Bau verband man 1896–1901 zwei von Eck-Erkern gezierte Giebelhäuser aus dem 16. Jh. mit einem Querbau, der auf einem zum Platz hin geöffneten Arkadengang ruht. Dieses »Zwischenstück« wird von einem aufgesetzten Türmchen gekrönt, von dem täglich um 12 Uhr ein Glockenspiel ertönt.

3 Haus zum Walfisch

| Fassade |

In der Franziskanerstraße befindet sich eines der prächtigsten Bürgerhäuser der Stadt, das Haus zum Walfisch. Besonders beeindruckend ist der reich mit Verzierungen versehene spätgotische Erker über dem von Pilastern

ADAC *Spartipp*

In Bussen und Bahnen, an Vorverkaufsstellen und Ticketautomaten erhält man das günstige **Regio24-Stunden-Ticket**, das zur Nutzung aller Busse und Bahnen in Freiburg und der Region berechtigt. Als Erwachsener ist die Mitnahme von bis zu vier Kindern (bis 14 Jahre) kostenlos möglich.

Freiburger Verkehrs AG, Tel. 07 61/451 10, www.vag-freiburg.de

Freiburg
Lehenerstr.
Zur Unterführung
Stefan-Meier-Str.
Rheinstr.
Hebelstr.
Hebelhof
Eschholzstr.
Egonstr.
Guntramstr.
Wenzingerstr.
Friedrichstr.
Fahnenbergpl.
Klarastr.
Wannerstr.
Rosastr.
Poststr.
Colombistr.
Archäologisches Museum im Colombischlössle
Colombipark
Hauptbahnhof
Bismarckallee
Planetarium
Eisenbahnstr.
Rotteck-
Herz-Jesu-Kirche
Stühlinger Platz
Stühlinger Br.
Hans-Sachs-Gasse
Freiburger Fasnet-Museum
Turmstr.
Rathausg.
Engelbergerstr.
St. Ursula
Konrad-Adenauer-Platz
Konzerthaus
Bertoldstr.
Europapl.
Brunnenstr.
Freiburger Theater
Stühlingerstr.
Wenzingerstr.
Sedanstr.
Werthmannplatz
Jesuitenk.
Niemensstr.
Wilhelmstr.
Moltkestr.
Milchstr.
Universitätsviertel
Klara-
Kanalstr.
Schnewlinstr.
Belfortstr.
Weißstr.
Grethergstr.
Adlerstr.
Alte Gießerei
Im Grün
Alleegarten
Humboldtstr.
Werderring
Glacisweg
Rempartstr.
Faulerstr.
Erbprinzenstr.
Gartenstr.
Schnewlinbrücke
Faulerbad
31A
Frei-austr.
Lessingstr.
Schreiberstr.
Kaiser-
Dreisam
Hummelstr.
Rehlingstr.
Mattenstr.
Schillerstr.
Niederau
Heiner-von-Stephan-Str.
Kronenmattenstr.
Kirchstr.
Goethestr.
St.-Johannes-Kirche
Johanneskirchpl.
Kronenstr.
Schwimmbadstr.
3
Basler Str.
Helligestr.
Günterstalstr.
Reiterstr.
Konradstr.
a
b
c
1
2
3
4
5

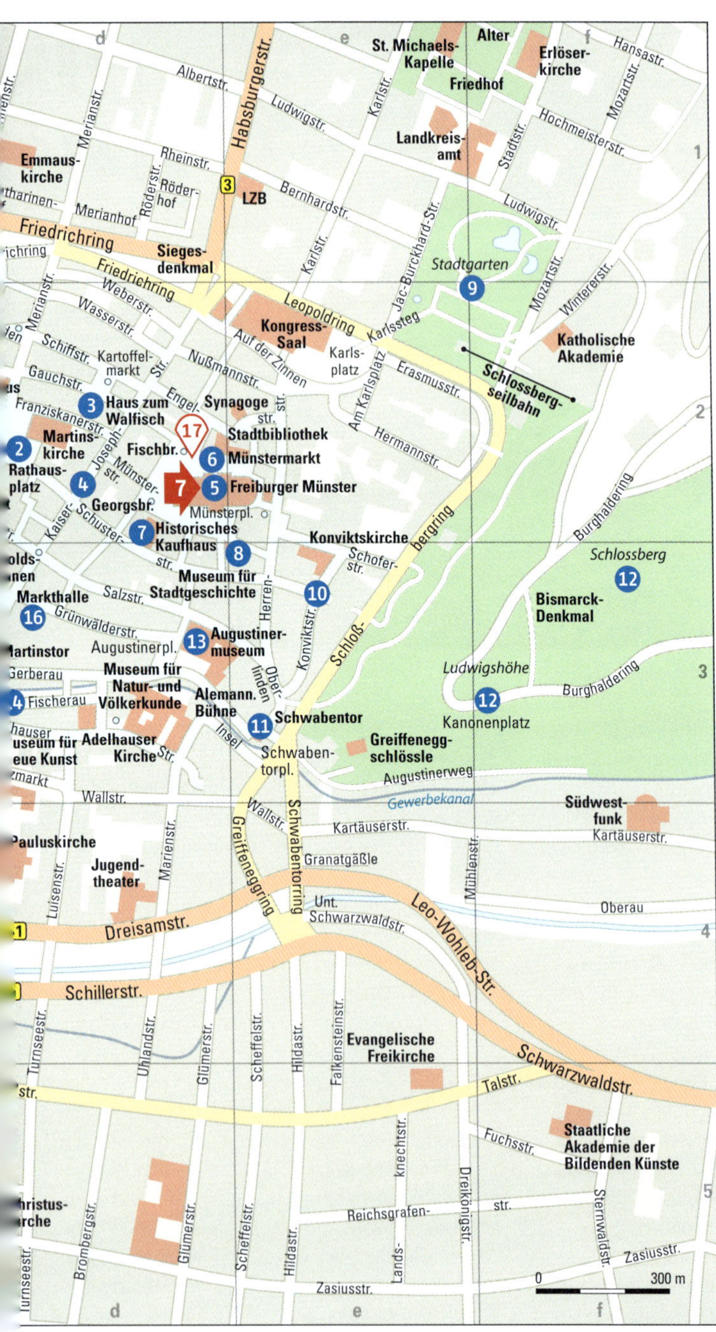

St. Michaels-Kapelle
Alter Friedhof
Erlöser-kirche
Hansastr.
Albertstr.
Habsburgerstr.
Ludwigstr.
Karlstr.
Mozartstr.
Hochmeisterstr.
Merianstr.
Landkreis-amt
Stadtstr.
Emmaus-kirche
Rheinstr.
Röderstr.
Röder-hof
LZB
Bernhardstr.
Jac-Burckhard-Str.
Ludwigstr.
Merianhof
Friedrichring
Sieges-denkmal
Karlstr.
Stadtgarten
9
Mozartstr.
Wintererstr.
Weberstr.
Wasserstr.
Kongress-Saal
Leopoldring
Karlssteg
Auf der Zinnen
Karls-platz
Katholische Akademie
Schiffstr.
Kartoffel-markt
Nußmannstr.
Erasmusstr.
Schlossberg-seilbahn
Gauchstr.
Synagoge
Am Karlsplatz
Franziskanerstr.
Haus zum Walfisch
3
Engel-str.
Martins-kirche
2
Stadtbibliothek
Hermannstr.
17
Fischbr.
6
Münstermarkt
Rathaus-platz
Josephstr.
4
Münster-str.
7
5
Freiburger Münster
Georgsbr.
Münsterpl.
Burghaldering
Kaiser
Schuster-str.
Historisches Kaufhaus
Konviktskirche
Schofer-str.
Schlossberg
8
12
Markthalle
Salzstr.
Museum für Stadtgeschichte
Herren-str.
10
Bismarck-Denkmal
16
Grünwälderstr.
Konviktstr.
Schloßbergring
Augustiner-museum
13
Augustinerpl.
Gerberau
Museum für Natur- und Völkerkunde
Ober-linden
Ludwigshöhe
Burghaldering
Fischerau
Alemann. Bühne
11
Schwabentor
12
Kanonenplatz
Adelhauser Kirche
Insel
Schwaben-torpl.
Greiffenegg-schlössle
Augustinerweg
Wallstr.
Gewerbekanal
Südwest-funk
Wallstr.
Kartäuserstr.
Kartäuserstr.
Pauluskirche
Greiffeneggring
Schwabentorring
Jugend-theater
Marienstr.
Granatgäßle
Mühlenstr.
Luisenstr.
Unt. Schwarzwaldstr.
Oberau
Leo-Wohleb-Str.
Dreisamstr.
Schillerstr.
Turnseestr.
Uhlandstr.
Glümerstr.
Scheffelstr.
Hildastr.
Falkensteinstr.
Evangelische Freikirche
Schwarzwaldstr.
Talstr.
Fuchsstr.
Staatliche Akademie der Bildenden Künste
Landsknechtstr.
Dreikönigstr.
Reichsgrafenstr.
Sternwaldstr.
Brombergstr.
Glümerstr.
Scheffelstr.
Hildastr.
Zasiusstr.
Zasiusstr.
0
300 m
d
e
f
1
2
3
4
5

Frische Kräuter und Blumen kauft man in Freiburg am besten auf dem Münstermarkt

flankierten Portal. Der rotbraune dreistöckige Prunkbau diente nach seiner Fertigstellung 1516 zunächst Jakob Villinger, seines Zeichens Schatzmeister unter Kaiser Maximilian I., als Privatpalast. Von 1529–31 wohnte darin der Humanist Erasmus von Rotterdam (1466–1536), der während der Reformation aus dem schweizerischen Basel nach Freiburg geflüchtet war.

■ Franziskanerstr. 5

4 Kaiser-Joseph-Straße

| Einkaufsmeile |

Die Kaiser-Joseph-Straße, welche von den Freiburgern salopp »Kajo« genannt wird, ist die zentrale Nord-Süd-Achse der Stadt. Sie diente einst als Marktstraße, heute laden Arkaden zum Flanieren ein. Zentraler Punkt der Kajo ist der Bertoldsbrunnen.

5 Freiburger Münster

| Kirche |

7 *Gotisches Meisterwerk als Wahrzeichen der Stadt*

Das Münster »Unserer Lieben Frau« ist nicht nur das Wahrzeichen der Stadt Freiburg, sondern gilt auch als herausragendes bauliches Meisterwerk der Gotik in Deutschland.

Die Baugeschichte des monumentalen roten Sandsteinbaus begann um 1200 unter Herzog Bertold V. Außergewöhnlich ist der reiche plastische Figurenschmuck sowohl am Westturm als auch an der Fassade des Langhauses. Neben Aposteln, Propheten und biblischen Königen sind es vor allem die Wasserspeier, die in ihrer skurrilen Gestaltung einzigartig sind. Überaus fotogen ist der »Hinternentblößer« über dem Lammportal im

Südwesten, der keck sein Wasser aus dem Allerwertesten speit.

Das dreischiffige Kircheninnere ist stolze 124 m lang, 30 m breit und 27 m hoch. Von der Ausstattung gilt im Chor der Hochaltar (1512–16) des Albrecht-Dürer-Schülers Hans Baldung Grien (um 1484–1545) als ein Glanzstück der spätgotischen Malerei Deutschlands. Es ist ein Klappaltar mit einem festen Mittelbild, zwei beweglichen Flügeln und zwei Standflügeln. Entsprechend dem Verlauf des Kirchenjahres lässt sich das Erscheinungsbild des Altars verändern. Die Mitteltafel ging im Bildersturm der Reformation verloren. Die Verglasung des Langhauses besteht größtenteils noch aus den Originalfenstern aus dem 13. und 14. Jh. Es handelt sich um Stiftungen der alten Freiburger Zünfte, die leicht an den Insignien der jeweiligen Handwerkergilde erkennbar sind.

Vom Westturm, dem »schönsten Turm der Christenheit«, bietet sich in 70 m Höhe nach Bewältigung der über 300 Stufen ein fantastischer Blick über Freiburg bis hin zum Kaiserstuhl und den Vogesen.

■ Tel. 07 61/208 59 63, www.freiburgermuenster.info, Mo–Sa 10–17, So 13–19.30 Uhr

6 Münstermarkt

| Marktplatz |

Auf dem Münsterplatz findet wochentags ein lebhafter Bauernmarkt statt, der nicht nur mit frischem Obst, Gemüse und Blumen lockt, sondern auch Treffpunkt für die Food-Szene Freiburgs ist. Die legendäre »Lange Rote« gehört dabei sicher zu den beliebtesten Produkten.

■ www.muenstermarkt.freiburg.de, Mo–Fr 7.30–13.30, Sa 7.30–14 Uhr

7 Historisches Kaufhaus

| Fassade |

Das 1520–30 erbaute Historische Kaufhaus ist ein prächtiger Renaissancebau, der heute u.a. für Konzerte genutzt wird. Er wurde für die städtische Zoll- und Finanzverwaltung errichtet und diente zugleich als Warenumschlagplatz der hiesigen Kaufleute. Die Fensterfront über den vier offenen Rundbögen wird von lebensgroßen Statuen aufgelockert, die als Ausdruck der engen Verbundenheit zu Österreich vier Repräsentanten des Habsburger Geschlechts zeigen – von links nach rechts Kaiser Maximilian I., König Philipp der Schöne, Kaiser Karl V. und dessen Thronfolger Ferdinand I.

■ Münsterplatz 24, www.historischeskaufhaus.freiburg.de

8 Museum für Stadtgeschichte

| Museum |

Östlich des Kaufhauses überstand das Wentzingerhaus von 1761 unbeschadet den Zweiten Weltkrieg. Das Wohnhaus des Malers und Bildhauers Johann Christian Wentzinger (1710–97) wurde Anfang der 1990er-Jahre von Grund auf restauriert, um 1994 die Sammlung des Museums für Stadtgeschichte aufzunehmen, die anhand von Dokumenten, archäologischen Funden und einem Modell der Münsterbaustelle mit der Freiburger Stadtentwicklung vertraut macht. An Wentzinger erinnert am Balkon über dem Eingang ein Selbstporträt und auch die Decke des Treppenhauses zeigt mit dem Gemälde »Ankunft des Herkules im Olymp« eine Kostprobe der Schaffenskraft des Künstlers.

■ Münsterplatz 30, Tel. 07 61/201 25 15, www.freiburg.de/museen, Di–So 10–17 Uhr, Eintritt 3 €, erm. 2 €

Stadtgarten

| Park |

Der Stadtgarten am Rande der Altstadt ist bei schönem Wetter regelmäßig Treffpunkt für große und kleine Freiburger und vor allem bei Familien sehr beliebt. Ein Spielplatz und grüne Wiesen locken regelmäßig Sonnenanbeter, Kubb-Spieler, Slackliner und viele mehr zum Sport Treiben, Relaxen und Genießen. Im Musikpavillon findet das jährliche Open-Air-Theatersport-Festival statt.

■ Nordöstl. der Altstadt, Parkmöglichkeit Parkhaus Karlsbau

Konviktstraße

| Straßenzug |

Für viele Freiburger ist die Konviktstraße die schönste Gasse Freiburgs. Urige Gasthäuser, interessante kleine Geschäfte, alte Laternen, der überall präsente Blauregen (Kletterpflanzen) und das Bächle machen die Gasse nicht nur zum Hingucker, sondern laden ein, zu verweilen und einfach mal die Zeit zu vergessen. Vor allem im Sommer bei einem guten Glas Wein kann man hier herrlich in schöner Atmosphäre entspannen.

Schwabentor

| Wehrturm |

Am Ende der Konviktstraße befindet sich das Schwabentor. Die der Altstadt zugewandte Seite des quadratischen Torturms aus dem 13. Jh. schmückt das Bild eines schwäbischen Kaufmanns, stadtauswärts zeigt die Fassade den Stadtpatron, den Drachentöter St. Georg. In der Turmstube ist die Zinnfigurenklause untergebracht, die in 21 Dioramen mit mehr als 9000 Figuren Szenen aus der Stadt- und Regionalgeschichte darstellt.

■ Tel. 07 61/243 21, www.zinnfigurenklause.de, Ende Mai–Sept. Di–Fr 14.30–17, Sa, So 12–14 Uhr

Schlossberg und Kanonenplatz

| Aussichtspunkt |

Vom Schwabentor aus erreicht man über eine Brücke über den Stadtring und auf einem Weg mit durchaus spürbarem Anstieg den Schlossberg mit dem Kanonenplatz. Er bietet den wohl schönsten Ausblick auf das Münster und über die Altstadt Freiburgs hinweg bis zum Kaiserstuhl. Unterwegs lässt es sich sehr gemütlich im Biergarten Kastaniengarten am Greiffenegg Schlössle einkehren. Von dem im Jahr 2017 nach zweijähriger Sanierungszeit wiedereröffneten Schlossbergturm bietet sich eine grandiose Aussicht.

■ www.greiffenegg.de/kastaniengarten.html

Augustinermuseum

| Museum |

Westlich vom Schwabentor liegt am Augustinerplatz das ehemalige Augustinerkloster. Es wurde im 13. Jh. gegründet und im 18. Jh. im Stil des Barocks umgestaltet. Seit 1923 beherbergen die frühere Stiftskirche und die umliegenden Konventsräume das Augustinermuseum. Diese bedeutendste Sammlung der Stadt macht mit dem oberrheinischen Kunstschaffen vom Mittelalter bis zum Barock sowie badischer Malerei des 19. Jh. bekannt. Im vor einigen Jahren neu gestalteten Gotteshaus beeindruckt die Skulpturenhalle mit den steinernen Originalfiguren des Freiburger Münsters.

■ Tel. 07 61/201 25 31, www.freiburg.de/museen, Di–So 10–17 Uhr

Das Martinstor war einst ein Teil der mittelalterlichen Stadtbefestigung

14 Fischerau

| Stadtviertel |

Am säkularisierten Adelhauser Neukloster vorbei gelangt man zur Fischerau, einem malerischen alten Viertel, in dem einst die Fluss- und Runzfischer ansässig waren. »Runzen« oder »Bächle« nennt man die kleinen, am Straßenrand entlang führenden offenen Wasserrinnen, die in den meisten Gassen und Straßen der Altstadt zu finden sind.

Sie dienten im Mittelalter als Kanalisation und Viehtränke, heute sind sie ein Wahrzeichen der Stadt. Damals wie heute sorgen zwei angestellte »Bächleputzer« für die Sauberkeit der Kanäle. Einer Legende nach sollten Besucher jedoch aufpassen. Wer versehentlich in eines der Bächle tritt, wird nämlich einmal einen Freiburger bzw. eine Freiburgerin heiraten.

15 Martinstor

| Wehrturm |

Das Martinstor ist das ältere der beiden noch erhaltenen Stadttore. Der wuchtige Torturm von 1202 wurde im Jahr 1900 auf nunmehr 63 m aufgestockt und mit einem spitzen Helm abgeschlossen, den vier verspielt wirkende Erkertürmchen flankieren.

■ Martinsgässle

16 Markthalle

| Markt |

Die etwas versteckte Markthalle schräg gegenüber dem Martintor ist heutzutage weniger Markt als vielmehr Food-Street mit vielen unterschiedlichen Geschmacksrichtungen. Egal ob indisch, mexikanisch oder eben auch badisch – hier findet sich für jeden Gaumen etwas. Zur Mittagszeit ist sie allerdings regelmäßig stark

Das beliebte Tiergehege Mundenhof bietet seltenen Nutztierrassen eine Zuflucht

überfüllt. Freitags und samstags finden abends musikalische Veranstaltungen statt.

■ www.markthalle-freiburg.de, Mo–Do 8–20, Fr-Sa 8–24 Uhr

17 Universitätsviertel

| Architektur |

Hinter der schnörkellosen Fassade der Alten Universität von 1726 verstecken sich ein von Arkaden umgebener hübscher Patio sowie das Uniseum. Letzteres präsentiert anhand von Urkunden, Grafiken, historischen Lehrmitteln und Fotografien die Geschichte der Universität von ihren Anfängen im 15. Jh. bis heute.

Der neue Campus der Albert-Ludwigs-Universität erstreckt sich südlich der Bertoldstraße bis zur Rempartstraße. Große Kollegiengebäude beherbergen hier die Hörsäle für einen Teil der insgesamt 21000 Studierenden. Das Prunkstück ist die hochmoderne Universitätsbibliothek, auch UB genannt. Das 2015 komplett sanierte Gebäude setzt ein spektakuläres, architektonisches Ausrufezeichen und zählt seitdem zu den modernsten und größten Universitätsbibliotheken Europas.

■ Uniseum, Tel. 07 61/203 38 35, www.uniseum.de, Do, Sa 14–18, Fr 14–20 Uhr

■ Universitätsbibliothek, Tel. 07 61/20339 18, www.ub.uni-freiburg.de, tgl. 8–22 Uhr, mit UniCard 24 Std. geöffnet

Parken

Zentrumsnah parkt man in der Tiefgarage am Hauptbahnhof oder der Tiefgarage im Karlsbau. Letztere wurde 1987 und 2014 als benutzerfreundliches Parkhaus vom ADAC ausgezeichnet.

■ Karlsbau, Auf der Zinnen 1, www.karlsbau-freiburg.de, Plan S. 92/93 e2

Restaurants

€€ | Schlossbergrestaurant Dattler Feine badische Küche im eleganten Ambiente und mit Aussicht über Freiburg. Beliebt sind neben den Mittagsmenüs auch die angebotenen Krimi-Dinner-Abende. ■ Am Schlossberg 1, Tel. 07 61/137 17 00, www.dattler.de, Mi–Mo 12–13.45 und 18–21 Uhr, Plan S. 92/93 f2

€€€ | Wolfshöhle Gourmettempel mit gehobener, kreativer Küche in schönem Ambiente in der wunderschönen Konviktstraße. Reservierung empfohlen. ■ Konviktstr. 8, Tel. 076 17/303 03, www.wolfshoehle-freiburg.de, Di–Sa 12–14 und 18–21.30 Uhr, Plan S. 92/93 e3

Cafés

Portofino Im italienischen Eiscafé Portofino nahe dem Stadttheater gibt es das vielleicht beste Eis der Stadt. Leckere Eisbecher und eine riesige Auswahl an teils sehr exotischen Eissorten führen im Sommer regelmäßig zu großem Andrang. ■ Bertoldstr. 44, Tel. 07 61/292 29 39, www.portofino-freiburg.de, tgl. 9–1 Uhr, Plan S. 92/93 c2

Einkaufen

17 **Stefans Käsekuchen** Stefans Käsekuchen ist überregional bekannt und nicht nur für viele Freiburger der beste Käsekuchen in Südbaden. Fein, cremig, von Hand hergestellt und in verschiedensten klassischen und exotischen Varianten angeboten, ist er kein Geheimtipp mehr. Das Anstehen an der oft sehr langen Warteschlange am Stand auf dem Münstermarkt lohnt auf jeden Fall. Ein Genuss! ■ www.stefans-kaesekuchen.de, Plan S. 92/93 d2

Alte Wache – Haus der Badischen Weine Wein erleben, kaufen und probieren – lernen Sie die faszinierende Vielfalt badischer Weine an einem der schönsten Plätze der Stadt kennen und lieben. ■ Münsterplatz 38, Tel. 07 61/20 28 70, www.alte-wache.com, Degustationen für Gruppen nach Voranmeldung, Plan S. 92/93 d2

Kneipen, Bars und Clubs

Juri's Cocktail & Wine Bar Feine Cocktails in tollem Ambiente kombiniert mit elektronischer Musik und riesiger Gin Tonic-Auswahl machen die Bar zur angesagten Location. ■ Schwabentorplatz 7, Tel. 01 76/83 05 90 44, www.juris-bar.de, tgl. 19–2 Uhr, Plan S. 92/93 e3

Maria Bar Neben leckeren Cocktails am Abend überzeugt die Maria Bar mit einer großen und vielfältigen Auswahl an leckeren Burgern. Zu den Burgern werden gut gewürzte »Curly Fries« gereicht. ■ Löwenstr. 3-7, Tel. 07 61/217 22 04, www.maria-bar.de, tgl. 9.30–3 Uhr, Plan S. 92/93 c3

Kinder

Mundenhof Mit 38 ha ist der Mundenhof das größte Tiergehege in Baden-Württemberg. Auf den großzügig angelegten Koppeln leben Haus- und Nutztierrassen aus aller Welt. Für Kinder gibt es einen Abenteuerspielplatz. Die Hofwirtschaft mit Biergarten ist für viele Freiburger ein beliebter Treff an Sommerabenden. Die bei Anreise mit dem Pkw fällige Parkgebühr von 5 € kommt in voller Höhe den Tieren des Mundenhofs zu Gute. Am günstigsten ist die Anfahrt aber mit dem Fahrrad. ■ Mundenhof 37, Tel. 07 61/201 65 80, www.mundenhof.de, Eintritt frei

Plan S. 92/93

Events

Zeltmusikfestival Eines der wichtigsten Events in Freiburg, bei dem auch viele internationale Stars auftreten, findet jedes Jahr am Mundenhof statt. Drei Wochen lang finden sich bereits seit 1983 im Juni und Juli rund 120 000 Gäste ein, um in Zelten und auf Freiluftbühnen Konzerten verschiedenster Musikrichtungen zu lauschen. Traditionell dominieren im Programm Musiker aus den Bereichen Klassik, Jazz, Rock, Pop und Weltmusik. Dazu sorgen Kleinkunst und ein Kinderprogramm für Abwechslung. ■ zmf.de

Sport

Boulderkitchen Boulderhalle mit 300 Boulderproblemen und acht Parcourfarben auf einem Areal von 1300 m² Fläche. ■ Munzinger Str. 4, Tel. 07 61/48 82 16 90, freiburg-boulderkitchen.de, Mo 12–23, Di–Fr 10–23, Sa, So 10–21 Uhr

Bowlingpark Freiburg 24 vollautomatische Bowlingbahnen bieten beste Bedingungen für Bowler jeder Leistungsstufe. Bahnen sollten am besten online reserviert werden. ■ Ensisheimer Str. 5, Tel. 07 61/897 31 80, www.bowling park-freiburg.de, Mo-Do 14–1, Fr 14–3, Sa 10–3, So 10–24 Uhr

Entspannung

Seepark Freiburg Der Seepark entstand im Jahr 1986 im Rahmen einer Landesgartenschau. Für viele Freiburger ist das Areal Naherholungsgebiet und ein Ort zum Entspannen. Ein schöner Spazierweg führt rund um den Flückigersee. Ausgedehnte Wiesen, ein Spielplatz, eine Wirtschaft und ein Aussichtsturm mit tollem Panorama finden sich ebenfalls auf dem 35 ha großen Gelände.

Keidel Mineral-Thermalbad Die beliebte Therme am westlichen Stadtrand bietet Ruhe und Entspannung auf 6000 m² Wellness-Fläche. ■ An den Heilquellen 4, Tel. 07 61/210 58 50, www.keidelbad.de

In der Umgebung

Schauinsland

| Berg |

Über und unter Tage den Hausberg Freiburgs genießen.

Noch zum Stadtgebiet Freiburgs gehört der 1284 m hoch aufragende Hausberg Schauinsland. Vom Vorort Günterstal aus gelangt man über eine kurvenreiche Bergstraße auf den Aussichtsgipfel, der seinem Namen alle Ehre macht. Ab dem Dorf Horben führt auch die Schauinslandbahn hinauf. Von der Bergstation in 1220 m Höhe erreicht man in 15 Minuten den 31 m hohen, aus Holzstämmen errichteten dreieckigen Eugen-Keidel-Turm auf dem Gipfel, von dem sich an schönen Tagen ein herrlicher Panoramablick auf Feldberg, Alpen und Vogesen bietet. Auf dem Hausberg finden sich viele unterschiedlich lange, schöne Spazier- und Wanderwege.

ADAC *Mobil*

Die **Schauinslandbahn** ist die längste Umlaufseilbahn Deutschlands. Sie ist die wohl schönste und komfortabelste Art, um auf den Schauinsland zu gelangen.
Schauinslandbahn, Bohrerstr. 11, Tel. 07 61/451 17 77, www.schauins landbahn.de, Juli–Sept. tgl. 9–18, Okt.–Juni tgl. 9–17 Uhr

Im Blickpunkt

Bergbau im Schwarzwald

Der Bergbau hat im Schwarzwald nicht nur eine lange Tradition, sondern auch seine Spuren hinterlassen. Sie lassen sich durch die Jahrtausende bis in die Jungsteinzeit zurückverfolgen.

Das Schauinslandbergwerk ist mit ca. 100 km Länge, verteilt auf 22 Etagen, das größte des Schwarzwaldes und der Vogesen. Schon vor 800 Jahren wurde hier nach Silber, Blei und Zink gegraben. Im Mittelalter brachte der Bergbau auf dem Schauinsland der Stadt Freiburg Reichtum und Wohlstand und ermöglichte erst den Bau des Freiburger Münsters. Doch auch im Kinzigtal und an anderen Orten sicherte der Bergbau den Menschen im Schwarzwald den Lebensunterhalt. Viele der ehemaligen Gruben und Bergwerke können Besucher heute besichtigen.

Museumsbergwerk Schauinsland

| Bergwerk |

Auf dem Schauinsland lädt u.a. das Museumsbergwerk Schauinsland zu einem Besuch ein, bei dem die 800-jährige Geschichte des ehemaligen Silber-, Blei- und Zinkbergwerks wieder lebendig wird. Unter fachkundiger Führung (auch für Kinder geeignet) kann man einen Stollen begehen und sich einen druckluftbetriebenen Bohrhammer oder einen Wurfschaufellader vorführen lassen.

■ 500 m von der Bergstation der Schauinslandbahn, Tel. 0761/26468, www.schauinsland.de, Führungen Mai–Okt. Mi, Sa, So 11–15.30, Juli, Aug. tgl. 11.30–15.30 Uhr

Steinwasen-Park

| Erlebnispark |

Tolle Kombination aus Freizeitpark und Wildtiergehege

Am Fuße des Schauinsland gelegen bietet der Steinwasen-Park vor allem Familien ein perfektes Ausflugsziel. Auf dem Areal – halb Wildtiergehege mit interessanten Spazierwegen, halb Freizeitpark mit Rodelbahnen und vielen weiteren Attraktionen wie dem »Gletscherblitz« und »Spacerunner« – ist Spaß garantiert. Zudem befindet sich hier die mit 218 m längste Erlebnis-Seilbrücke der Welt, die es sogar ins Guinessbuch der Rekorde geschafft hat. Von ihr hat man eine herrliche Aussicht über den Schwarzwald bis hin zum Feldberg.

■ Steinwasen 1, 07602/944680, www.steinwasen-park.de, April–Juni, Mitte Sept.–Okt. 10–17, Juli–Mitte Sept. 9–18 Uhr

Gefällt Ihnen das?

Ihnen gefallen die tollen Aussichten von den Bergen der Region Schwarzwald? Dann sollten Sie bei Münstertal eine Wanderung auf den **Belchen** (S. 113) mit Blick auf die Alpen in Angriff nehmen oder den **Kandel** (S. 75) im Glottertal besteigen, von dem sich ein wunderbarer Blick in die Rheinebene eröffnet.

31 Hinterzarten

Renommiertes Skidorf und Heimat der »Schwarzwaldadler«

Information

■ Hinterzarten Breitnau Tourismus, Freiburger Str. 1, 79856 Hinterzarten, Tel. 07652/12068200, www.hochschwarzwald.de/Hinterzarten

Oberhalb des Höllentals liegt auf einem Hochplateau in 895 m einer der bekanntesten Wintersportorte Deutschlands. Die reizvolle Lage und die gute Schwarzwaldluft zogen bereits um 1850 die ersten Gäste nach Hinterzarten. Einen Boom löste 1887 die Eröffnung der Höllentalbahn aus, die zahlreiche Ausflügler vor allem aus dem nahen Freiburg in das kleine Bergdorf brachte. Heute prägen Hotels und Ferienhäuser den seit 1964 anerkannten heilklimatischen Kurort, doch durch die liebevoll gepflegte Schwarzwaldarchitektur konnte Hinterzarten seinen ländlichen Charakter bewahren.

Sehenswert

Schwarzwälder Skimuseum

| **Museum** |

Das kleine Schwarzwälder Skimuseum informiert auf zwei Etagen im gemeindeeigenen Hugenhof rund um den weißen Sport. Zu den Schwerpunkten gehören natürlich die lokalen Skigrößen und die Geschichte des Wintersports im Schwarzwald.

■ Tel. 07652/982192, www.schwarzwaelder-skimuseum.de, Di, Mi, Fr 14–17, Sa, So 12–17 Uhr

Pfarrkirche Maria in der Zarten

| **Kirche** |

Das Wahrzeichen Hinterzartens ist die Pfarrkirche, der man es heute nicht mehr ansieht, dass ihr Grundstein bereits im Jahr 1416 gelegt wurde. Der auf einem oktogonalen barocken Turm aufsitzende Zwiebelhelm von 1722 lässt die ehemalige Wallfahrtskirche wie eine österreichische Landkirche erscheinen. Das ursprünglich dazu gehörende Langhaus wurde 1963 abgerissen, da es zu klein gewor-

Im Blickpunkt

Adler flieg!

Mit ihren internationalen Erfolgen haben die als »Schwarzwaldadler« bekannten Skispringer Martin Schmitt und Sven Hannawald um die Jahrtausendwende wahre Begeisterungsstürme ausgelöst. Auch heute noch zieht es regelmäßig mehr als 20000 Zuschauer nach Titisee-Neustadt, um etwa beim Weltcup--Skispringen an der Hochfirstschanze live dabei zu sein. Besonders schön: Die größte Naturschanze Deutschlands passt sich ohne größere Eingriffe in das Gelände an die topografischen Gegebenheiten des namengebenden Hochfirst (1192 m) an. Dass der weiße Sport nicht mehr ausschließlich auf den Winter begrenzt ist, kann man beim jährlich im August stattfindenden Sommerskispringen FIS Grand Prix beobachten.

www.sommerskispringen-hinterzarten.de

Dichte Wälder und grüne Weiden prägen die Berglandschaft rund um Hinterzarten

den war, und durch eine größere achteckige Halle mit einem modernen Zeltdach ersetzt.

■ Vincent-Zahn-Weg 1, Tel. 076 52/253

Restaurants

€€ | **Restaurant Zur Esche** Raffinierte leichte Kräuterküche. Der Weinkeller ist gut gefüllt. An kalten Tagen wärmt ein Kachelofen die heimelige Gaststube. Die Kochkünste des Hauses lassen sich in einem Kochseminar erlernen.

■ Waldhotel Fehrenbach, Alpersbach 9, Hinterzarten-Alpersbach, Tel. 076 52/919 40, www.waldhotel-fehrenbach.de, Mi–So 11.30–14.30 und 18–21.30 Uhr

Cafés

Wiener Kaffeehaus Café Diva In wunderschöner Umgebung lassen sich hier hervorragende Kuchen und andere Köstlichkeiten genießen. Das Café ist ein klein wenig wie eine Zeitreise – besonders schön ist der Wintergarten.

■ Adlerplatz 3, Tel. 076 52/12 70, www.parkhoteladler.de, Di–Fr 12–18, Sa, So 10–18 Uhr

Einkaufen

20 **Ospelehof** Im Bauernladen dieses Schwarzwaldhofs gibt es Käse, Hausmacherwurst, Speck und Schwarzwälder Schinken aus eigener Herstellung zu kaufen, mitunter auch Landeier und frisches Rindfleisch. Auch Molkekosmetik ist im Angebot.

■ Windeck 2, Tel. 076 52/54 82, www.ospelehof.de, Mai–Okt. Di–Fr 10–13 und 15–17, Sa 10–13, Weihnachten–April Do, Fr 10–13 und 15–17, Sa 10–13 Uhr.

Sport

Skizentrum Thoma Im Skizentrum Thoma stehen Wintersportlern drei

ADAC *Mittendrin*

Der **Mathisleweiher** liegt im Naturschutzgebiet Eschengrund und ist noch ein echter Geheimtipp, den die Einheimischen gerne für sich behalten. Baden und Picknicken macht an dem malerischen, versteckt liegenden Waldsee besonders viel Spaß.
Nur zu Fuß erreichbar: Ab Hinterzarten dem Emil-Thoma-Weg folgen Richtung Südwesten, nach ca. 2 km links abbiegen Richtung See

Skilifte und fünf Abfahrtspisten verschiedener Schwierigkeitsstufen mit einer Gesamtlänge von 4 km zur Verfügung. ■ Windeck 14, Tel. 076 52/51 63, www.skizentrum-thoma.de

32 Titisee-Neustadt

Turbulentes Seebad im Herzen des Hochschwarzwaldes

Information

■ Tourist Info, Strandbadstr. 4, 79822 Titisee-Neustadt, Tel. 076 52/12 06 81 20, www.hochschwarzwald.de/Titisee

Die reizvolle Lage des Titisees am östlichen Fuß des Feldbergs zieht an warmen Sommertagen Scharen von Ausflüglern und Wasserratten an. Der See ist 2,5 km lang und bis zu 750 m breit und damit das größte natürliche Gewässer im Schwarzwald. Die Doppelstadt Titisee-Neustadt entstand 1971 durch Zusammenlegung der am Nordufer befindlichen Ortschaften Titisee und Neustadt (5 km nordöstlich davon) und ist ein anerkannter heilklimatischer Kurort.

Sehenswert

Titisee mit Seepromenade

| Seepromenade |

An der Seepromenade in Titisee ist immer viel los. Auf dem großem Parkplatz am Bahnhof findet sich jedoch immer ein freies Plätzchen. Viele spannende Einkaufsmöglichkeiten wie Brunners Welt der 1000 Uhren sowie eine schöne Auswahl an Cafés laden zum Bummeln und Verweilen ein. Eine Rundfahrt mit dem Ausflugsschiff auf dem Titisee oder ein Spaziergang entlang des schönen Sees runden einen Besuch ab.

Hochfirstschanze

| Sportstätte |

Die im Jahr 2000 umgebaute Weltcupsprungschanze ist die größte Naturschanze Europas. Sie erlaubt Weiten von bis zu 148 m. Die Weltcup-Springen im Februar sind in der Regel sehr gut besucht.
■ Tickets unter Tel. 076 52/12 06 30, www.weltcupskispringen.de

Restaurants

€€ | **Gasthaus Heiligenbrunnen** In der urgemütlichen Schwarzwälder Stube wird bodenständige, badische Küche serviert. Empfehlenswert sind die frischen Schwarzwaldforellen. Auf der Terrasse lässt sich ein Stück Schwarzwälder Kirschtorte besonders gut genießen. ■ Heiligbrunnenstr. 36, Tel. 076 52/381, www.heiligenbrunnen.de, Mi–So 11.30–20, Mo 14.30–20 Uhr

€€ | **Restaurant Klösterle** Schmackhaft, gemütlich und vielleicht das beste Restaurant im Umkreis. Die frischen Zutaten, die feine badische Küche und der ausgesprochen gute Service

Der Titisee – beliebtes Sommerbad vor traumhafter Schwarzwaldkulisse

des mit Liebe geführten Restaurants haben sich längt herumgesprochen. Reservierung empfohlen. ■ Klösterle 3, Tel. 076 51/93 49 28, www.kloesterle-restaurant.de, Mi–So 17–21 Uhr

Cafés

Café Becker Wunderbare Kuchen- und Tortenleckereien kann man im Café Becker genießen, vor allem auf der sonnigen Terrasse mit Blick über den Titisee. ■ Alte Poststr. 1, Tel. 076 51/881 11, www.cafe-becker-titisee.de, Mo–So 10–17.30 Uhr

Einkaufen

Hofladen Hilpertenhof In diesem schönen Hofladen gibt es echte und vor allem natürliche Schwarzwaldprodukte aus hauseigener Herstellung. Wurst, Schnäpse, Honigprodukte und vieles mehr sind auch prima als Mitbringsel geeignet. ■ Langenordnach 21, Tel. 076 51/74 49, www.hilpertenhof.com, Mo–Sa 14–18 Uhr

Sport

Skischule Hochschwarzwald Das Team um Egon Hirt, dem mehrmaligen Deutschen Meister im Riesenslalom, bietet Ski-, Carving-und Snowboardkurse. Verleih und Verkauf von Wintersportgerät aller Art. ■ Sporthaus Ski-Hirt, Titiseestr. 28, Tel. 076 51/922 80, www.schneesportschule.de, Mo–Fr 9–18.30, Sa 9–16 Uhr

Action-Forest Kletterpark Sechs Übungssparcours, sechs verschiedene Kletterparcours und zwei Seilrutschenparcours für geübte und ungeübte Kletterer. Auch als Gruppen-Event buchbar. ■ Neustädter Str. 41, Tel. 076 51/933 11 70, www.action-forest-kletterwald.de, saisonal und wetterabhängige Öffnungszeiten

ADAC *Wussten Sie schon?*

Die Bezeichnung **Hochschwarzwald** verdankt ihre Bekanntheit ursprünglich dem Tourismus, für den sie zu Werbezwecken bereits vor dem ersten Weltkrieg eingesetzt wurde. Heute wird der Name unterschiedlich interpretiert. Üblicherweise wird er als Landschafts-, Regions- und Naturraumbezeichnung meist im südlichen und mittleren Schwarzwald verwendet, wo er die höchsten Bereiche beider Regionen umfasst.

Entspannung

21 **Badeparadies** Das Badeparadies ist eines der meistbesuchten Highlights im gesamten Schwarzwald. Mehr als 15 verschiedene Wasserrutschen jeder Größe warten hier auf Wasserratten. Von der einfachen Kinderrutsche bis zum spektakulären Freefall ist alles vertreten. Aber natürlich gibt es auch unterschiedliche Bäder, Saunen, Wellnessbereiche, Restaurants und vieles, vieles mehr zu entdecken. Besonders beeindruckend ist die Palmenoase mit mehr als 200 echten Palmen. ■ Am Badeparadies 1, Tel. 008000/4444333, www.badeparadies-schwarzwald.de, tgl. geöffnet, Öffnungszeiten variabel

In der Umgebung

Wutachschlucht

| Schlucht |

8 *Natur pur im Grand Canyon des Schwarzwalds*

Die rund 20 km von Titisee entfernte Wutachschlucht ist die wohl schönste und eindrucksvollste Schlucht im ganzen Schwarzwald und wird daher auch gern als Grand Canyon der Region bezeichnet. Sie ist ein wichtiges Wandergebiet und bekannt für wilde, unberührte Landschaften, schroffe Kalksteinwänden, eine außergewöhnliche Pflanzenwelt sowie eine ausgeprägte Artenvielfalt. Die drei schluchtartigen Abschnitte sind 60 bis 170 m tief und teilen sich auf 33 Flusskilometer Länge auf. Zu den schönsten Wanderungen in der Wutachschlucht zählen der Drei-Schluchten-Pfad und die »Genießerpfade« Gauchachschlucht und Sauschwänzle-Weg.

33 Schluchsee

9 *Beliebte Sommerfrische mit heimeligem Schwarzwaldmuseum*

Information

■ Tourist Information, Fischbacher Str. 7, 79859 Schluchsee, Tel. 07652/12068500, www.hochschwarzwald.de/Schluchsee

Dem 930 m hoch gelegenen Schluchsee sieht man kaum noch an, dass er ein Stausee ist. Wälder und Wiesen reichen fast ganz heran, die Uferzonen und Strände fallen teilweise sanft zum Wasser hin ab. Ursprünglich befand sich hier bei Seebrugg an den östlichen Ausläufern des Feldberges ein etwa 3 km langer, von dem Bergflüsschen Schwarza gespeister Natursee. Von 1929 bis 1932 baute man im südlichen Bereich des Schwarzatals einen 63,5 m hohen Damm, der den Fluss auf einer Länge von 8 km sowie einer durchschnittliche Breite von 1,2 km aufstaute. So entstand der Schluchsee, heute mit einer Oberfläche von 5,2 km² der größte Schwarzwaldsee.

Verkehrsmittel

Am Strandbad Schluchsee legt die »MS Schluchsee« des Unternehmens Toth mehrmals täglich zu einstündigen **Seerundfahrten** ab. Weitere Anlegestellen sind Aha, Unterkrummenhof und Staumauer. ■ Freiburgerstr. 16, Tel. 076 56/92 30, www.seerundfahrten.de

Cafés

Seecafé Ambiente Direkt am Seerundweg gelegen bietet das Café Ambiente eine schöne Auswahl an leckeren Kuchen und Torten. Von der Sonnenterrasse aus hat man einen herrlichen Ausblick über den See. ■ Im Wolfsgrund 26, Tel. 076 56/98 88 97, Mi–So 10–18 Uhr

Erlebnisse

Dreiseenbahn Für Eisenbahnnostalgiker ist die spannende 19 km lange Fahrt mit dem historischen Dampfzug von Seebrugg am Schluchsee vorbei am Windgfällweiher bis nach Titisee ein absolutes Muss (nur im Sommer in Betrieb). ■ Tel. 076 51/9328 49, www.3seenbahn.de

Sport

Aqua-Fun Das Erlebnisfreibad direkt am Schluchsee hat eine 105 m lange Riesenrutsche, sonnige Liegewiesen, einen Abenteuerspielplatz und verschiedene Badebecken zu bieten. ■ Freiburger Str. 16, Tel. 076 56/770, Mai–Sept. 9–19 Uhr

Die Wutachschlucht fasziniert Wanderer mit einzigartigen Naturlandschaften

ADAC *Spartipp*

Bei rund 370 teilnehmenden Unterkünften erhalten Gäste ab zwei Übernachtungen kostenlos die **Hochschwarzwald Card.** Mit der Karte erhalten Sie freien Eintritt in über 100 Erlebnisattraktionen im gesamten Schwarzwald. *www.hochschwarzwald.de/Card*

Wandern

Schluchseer Jägersteig Auf 11 km Länge präsentiert sich der zertifizierte Premium-Rundwanderweg, der am Wanderparkplatz »Im Wolfsgrund« beginnt, mit sehr schönen Blicken über den Schluchsee und einem mehr als herrlichen Ausblick vom Aussichtspunkt Bildstein. Traumhafte Hochschwarzwald-Kulisse zum Genießen.

■ Tourist Information Schluchsee, Fischbacher Str. 7, Tel. 076 52/12 06 85 00, www.hochschwarzwald.de

34 Feldberg

Auf dem Dach des höchsten deutschen Mittelgebirges

Information

■ Tourist Information, Dr. Pilet-Spur, 79868 Feldberg, Tel. 076 52/12 06 83 20, www.hochschwarzwald.de/Feldberg

■ Parken siehe S. 110

Der Feldberg hat das ganze Jahr über Saison – sommers wie winters zieht es alljährlich 2 Mio. Ausflügler, Wanderer und Skifahrer auf den mit 1493 m höchsten Schwarzwaldgipfel. Er wurde 1891 nachweislich von Dr. Robert Pilet zum ersten Mal im Winter mithilfe von Skiern bestiegen. Der französische Diplomat und Abenteurer begründete damit eine nun schon mehr als 125 Jahre andauernde Skilauf-Tradition.

Dank der hohen Schneesicherheit ist die Feldbergregion das bedeutendste Wintersportzentrum des Schwarzwalds. Skifans können an den Hängen des Feldbergs zwischen 36 Abfahrten mit insgesamt mehr als 60 km Länge wählen. Eine der längsten Pisten ist mit über 3 km die Wiesenquellabfahrt am Grafenmatt.

Sehenswert

Feldbergturm

| Aussichtsturm |

Der Feldbergturm, der sich auf dem Seebuck, einer Erhebung des Feldbergs und zudem der zweithöchste Gipfel des Schwarzwalds, befindet, ist ein ehemaliger Funkturm, der heute als Aussichtsturm dient. Seit 2013 beherbergt er außerdem das Schinkenmuseum. Im Sommer kann im elften Stock des Turms in 45 m Höhe im höchstgelegenen Trauzimmer Baden-Württembergs geheiratet werden.

■ Mai, Juni, Okt. 9–16.30, Juli–Sept. 9–17 Uhr, Eintritt 2,90 €, mit Feldbergbahn-Ticket und Hochschwarzwald Card Eintritt frei

Haus der Natur

| Ausstellung |

Im Haus der Natur informiert eine interessante Dauerausstellung über die geologische Entstehung der Feldbergregion, die Besiedlungsgeschichte und über die Maßnahmen zum Schutz des Ökosystems.

■ Dr. Pilet-Spur 4, Tel. 076 76/93 36 30, www.naz-feldberg.de, Juni–Okt. tgl. 10–17, Nov.–Mai Di–So 10–17 Uhr

Mit der Feldbergbahn und in wenigen Gehminuten zu erreichen: der Feldbergturm

Fundorena

| Sportstätte |

22 *Abwechslungsreiches Indoor-Vergnügen für die ganze Familie*

Die 2016 eröffnete Fundorena ist eine Indoor-Sporthalle, wie es im Schwarzwald keine zweite gibt. Ein Hochseilpark mit acht Trails unterschiedlicher Schwierigkeitsstufen, eine künstliche Eislauffläche mit Schlittschuh- und Hockeyausrütungsverleih, ein Trampolinpark, eine Reithalle und einiges mehr, warten darauf, von großen und kleinen Sportbegeisterten entdeckt zu werden. Ein Riesenspaß für die ganze Familie, der auch bei schlechtem Wetter für viel Abwechslung auf dem Feldberg sorgt.

■ Dr. Pilet Spur 11, Tel. 076 76/186 90, www.fundorena.de, tgl. 10–21.30 Uhr, mit der Hochschwarzwald Card zeitlich beschränkt kostenlos

Verkehrsmittel

Feldbergbahn Ab dem Feldberger Hof verkehrt ein Kabinenlift zum Bismarck-Denkmal auf dem Seebuck, einer 1448 m hohen Erhebung des Feldbergs. ■ Tel. 076 76/940 91 10, www.feldbergbahn.de, Mai, Juni, Okt. tgl. 9–16.30, Juli–Sept. tgl. 9–17 Uhr

Feldbergbus Die Linie 7300 des Feldbergbusses und der Freizeitbus Linie 9007 ermöglichen es mit der Konus-Gästekarte, das Wintersportzentrum Feldberg umweltschonend, kostenlos und bequem zu erreichen. Das Zentrum dient auch als Ausgangspunkt der Wanderungen. ■ Informationen beim SBG-Kunden-Center Schopfheim, Tel. 076 22/23 60, oder Neustadt, Tel. 076 51/936 58 80, und bei den Tourist Informationen www.hochschwarzwald.de/Feldberg

Lifte Informationen zu den Öffnungszeiten der 38 Lifte, zu Skipässen und zu den aktuellen Wintersportbedingungen gibt es beim Liftverbund Feldberg. ■ Tel. 076 55/ 80 15 01, www.liftverbund-feldberg.de

Parken

Von Titisee aus erreicht man auf der gut ausgebauten B317 die Großparkplätze am **Hotel Feldberger Hof** in weniger als einer halben Stunde – vorausgesetzt man ist nicht gerade an einem sonnigen und damit verkehrsreichen Sommerwochenende unterwegs, wenn ein Vorwärtskommen mitunter nur im Schritttempo möglich ist. An gut besuchten Wochenenden sind die 1200 Parkplätze im **Parkhaus am Feldberg** bereits am Vormittag in der Regel komplett belegt. Ein Platz im Parkhaus kann aber auch online im Voraus reserviert werden. Mit Stau bei der Anfahrt ist aber auf jeden Fall zu rechnen. Zeit mitbringen! ■ Parplatzreservierung: www.liftverbund-feldberg.de/Online-Buchen

ADAC *Mittendrin*

Jeweils am 10. August findet das überregional bekannte **Feldberger Laurentiusfest** zu Ehren des hl. Laurentius statt. Beginnend mit einem feierlichen Festgottesdienst an der Todtnauer Hütte wird der Tag von Tausenden Gästen und Einheimischen in den vielen Hütten rund um den Feldberg ausgiebig gefeiert. Hinweis: Am Laurentius-Fest ist es nicht möglich, mit dem Pkw zur Todtnauer Hütte zu fahren. Sie kann jedoch vom Feldberger Hof aus erwandert oder mit Pendelbussen erreicht werden.

Restaurants

€€ | Haus Sommerberg Ambitionierte Regionalküche, leicht und modern. Spezialitäten sind besonders die Fischkreationen und der exzellente hausgebeizte Wildschweinschinken. ■ Am Sommerberg 14, Feldberg-Altglashütten, Tel. 076 55/14 11, www.sommerberg.com, Di–So 12–15 und 17–24 Uhr

€€ | Landhotel Bierhaeusle Regionale und internationale Küche mit hervorragend zubereiteten Gerichten in entspannter, einladender Umgebung genießen. Reservierung empfohlen. ■ Ortsstr. 22, Feldberg-Falkau, Tel. 07655/306, www.bierhaeusle-feldberg.de, Mi–Mo 18–20 Uhr

Cafés

Zum g'scheiten Beck Das Kirschwasser für die Kirschtorte stammt aus der eigenen Brennerei. Im benachbarten Erichs Schnapshäusle mit Brennereimuseum kann man das »Wässerle« auch pur verkosten. Do 14.30 Uhr verraten Profis bei der »Kirschtortenvorführung« Kniffe und Verzierungstipps. ■ Bahnhofstr. 3, Feldberg-Bärental, Tel. 07655/341, www.gscheiter-beck.de, Di–So 10–18 Uhr

Sport

Wintersportschule Thoma Staatlich geprüfte Skilehrer bieten Alpin-, Snowboard- und Carvingkurse für Anfänger, Fortgeschrittene und Kids, einzeln oder in Gruppen. Im Servicezentrum an der Talstation des Sessellifts Seebuck können Skier, Boards,

Malerisch spiegeln sich die umliegenden Wälder in der Oberfläche des Feldsees

Schlitten und Schuhe geliehen werden. ■ Dr. Pilet-Spur 16, Tel. 076 76/926 88, www.thoma-skischule.de

Wandern

Feldberg-Steig Der Wanderweg ist einer der erlebnisreichsten Schwarzwälder »Genießerpfade«. Er zeigt eindrucksvoll die Schönheit der Natur rund um den Feldberg und bietet auf 12,5 km Länge tolle Aussichten und Einkehrmöglichkeiten. Es geht teilweise über schmale Pfade und kleine Brücken, die auch Kindern viel Spaß machen. Beginn am Haus der Natur. ■ Hochschwarzwald Tourismus, Tel. 076 52/120 60, www.hochschwarzwald.de

In der Umgebung

Feldsee

| See |

Der 9 ha große, zum Naturpark Südschwarzwald gehörende Feldsee liegt 1109 m hoch an den 300 m steil aufragenden Hängen des Feldbergs. Über dem See erhebt sich die aus dem Wald ragende Seewand, eine Felswand aus Gneis. Das gesamte Gebiet um den Feldsee steht unter Naturschutz. Es herrscht Badeverbot. Der Feldsee kann über Wander- und Fahrradwege erreicht werden. Um den See gibt es einen schönen Spazierweg.

■ Zugang über Wanderweg vom Feldberger Hof, Dr.-Pilet-Spur 1, ca. 1,5 km

35 Münstertal

Natur und Genuss im idyllischen »Tal der hundert Täler«

Information

■ Tourist-Info Münstertal, Wasen 47, 79244 Münstertal, Tel. 076 36/707 40, www.muenstertal.de

Hundert Täler – wie der romantischklingende Beiname behauptet – kommen zwar nicht ganz zusammen, doch

immerhin münden rund 50 Seitentäler in das nur 6 km lange, von Wiesenauen, Weiden und Wald geprägte, überaus reizvolle Münstertal. Es wird vom Flüsschen Neumagen durchzogen, das südlich vom Schauinsland entspringt und auf seinem Weg zahlreiche Bäche und Wasserläufe aufnimmt. Wie das schmucke Schwarzwaldtal heißt auch der Hauptort am Fuß des 1414 m hohen Belchen. Das lang gezogene Straßendorf wurde 1971 aus den Ortsteilen Unter- und Obermünstertal zusammengelegt und ist heute ein viel besuchter Luftkurort.

Sehenswert

Benediktinerkloster St. Trudpert

| Kloster |

23 *Sehenswerte Klosterkirche inmitten herrlichster Landschaft*

Religiöser, kultureller und wirtschaftlicher Mittelpunkt des Tals war fast 1000 Jahre lang das Benediktinerkloster St. Trudpert, das aus einer Einsiedelei des irischen Mönchs Trudpert um 640 hervorging. Die 200 Jahre später entstandene Klosteranlage wurde im Lauf der Jahrhunderte mehrfach zerstört und wieder aufgebaut. Das heutige barocke Erscheinungsbild geht im Wesentlichen auf den Vorarlberger Baumeister Peter Thumb zurück.

Seit 1920 leben Schwestern des St.-Josef-Ordens in den Konventsgebäuden. Sie ließen 1930 an der Südseite des Klosterkomplexes die Mutterhauskirche errichten, die von einer mächtigen Kuppel gekrönt wird. Zu den hier stattfindenden Messen sowie in den beiden von den Schwestern unterhaltenen Gästehäusern sind Laien herzlich willkommen.

Besucherbergwerk Teufelsgrund

| Bergwerk |

Das Besucherbergwerk Teufelsgrund gibt einen Einblick in die Bergwerksgeschichte des Tals. Die einstigen

Im Mittelalter das kulturelle Zentrum der Region: das Kloster St. Trudpert

Silbergruben wurden bereits im Jahr 1028 erwähnt, im 18. und 19. Jh. förderte man hier Blei und Kupfererz und bis zur Stilllegung der Grube 1958 schließlich Flussspat. Im Rahmen einer Führung kann man den 500 m langen Schindlerstollen begehen. In einem Seitenstollen wird das spezielle Mikroklima unter Tage als Therapiestation für Asthmatiker genutzt.
■ Tel. 076 36/14 50, www.besuchsbergwerk-teufelsgrund.de, April–Okt. Di, Do, Sa 10–16, So 13–16, Juli–Aug. Di, Do, Sa 10–16, Mi, Fr, So 13–16 Uhr

Bienenkundemuseum

| Museum |

Das Bienenkundemuseum in Obermünstertal ist mit 200 m² das größte seiner Art in Europa. Honig und seine Herstellung ist nur ein Aspekt der interessanten naturkundlichen Ausstellung, es geht auch um Staatenbildung und Baumaterialien der Tiere sowie um ökologische Wechselwirkungen, medizinische Ansätze und mehr.
■ Tel. 076 36/79 11 05, www.bienenkundemuseum.de, Mi, Sa, So 14–17 Uhr

Restaurants

€€ | **Zur Linde** Der traditionsreiche Landgasthof nahe dem Kloster St. Trudpert lädt auf der schönen Terrasse am Bach zu badischer Küche ein. Spezialität ist Forelle. ■ Krumlinden 13, Tel. 076 36/447, www.landgasthaus.de, Fr–Mi 12–21.30 Uhr, Mai–Sept. auch Do

Cafés

Café-Restaurant Bahnhof Münstertal Im alten Bahnhofsgebäude im Münstertal locken eine große Terrasse, eine Kleinkunstbühne, selbst gemachtes Eis und feine Speisen mit gutem Preis-Leistungs-Verhältnis. ■ Belchenstr. 24, Tel. 076 36/78 77 57 10, www.bahnhof-muenstertal.de, 11–23 Uhr

Events

Viehabtrieb Münstertal Regelmäßig Anfang Oktober findet im Münstertal der alljährliche Viehabtrieb statt. Von einem bunten Rahmenprogramm und musikalisch traditionell von der Schwarzwaldkapelle begleitet, werden die festlich geschmückten Vierbeiner vom Brandenhof aus ins Tal getrieben. Danach wird gesellig bei Kaffee, Kuchen und mit viel Musik gefeiert. ■ Festplatz bei der Spielwegkapelle, Infos an der Tourist Information Münstertal, Tel. 076 36/707 40

Pfarrfest St. Trudpert Das Pfarrfest findet schon seit 1969 jedes Jahr im Kloster St. Trudpert statt. Es beginnt traditionell mit einem Familiengottesdienst am Vormittag, gefolgt vom beliebten Frühschoppenkonzert mit der Schwarzwaldkapelle. Im Klostergarten wird für Unterhaltung für die ganze Familie gesorgt. Neben Kaffee und Kuchen ist vor allem das in der Klosterküche zubereitete indische Essen hervorzuheben. ■ Tel. 076 36/780 21 06, www.kloster-st-trudpert.de, Stiftskirche jederzeit zugänglich

In der Umgebung

Auf dem Belchen

| Berg |

Etwa 30 Minuten Autofahrt von Münstertal entfernt befindet sich die Belchen-Seilbahn, mit der man auf den Belchen, dem dritthöchsten Berg des Schwarzwaldes gelangen kann. Oben erwarten die Besucher ein toller Rund-

wanderweg, der Berggasthof Belchenhaus und eine atemberaubende Panorama-Aussicht – vielleicht sogar die beeindruckendste im gesamten Schwarzwald.

■ Gondelbahn, Tel. 076 73/88 82 80, www.belchen-seilbahn.de, tgl. 9.15–17 Uhr

■ Berggasthof Belchenhaus, Tel. 076 73/281, tgl. ab 10 Uhr

36 Badenweiler

Historisches Kurvergnügen auf den Spuren der Alten Römer

Information

■ Tourist Information, Schlossplatz 2, 79410 Badenweiler, Tel. 076 32/79 93 00, www.badenweiler.de

Noch eingebettet in die Ausläufer des Südschwarzwaldes doch schon zur Rheinebene hin geöffnet, liegt der traditionsreiche Thermalkurort in 426 m Höhe inmitten des hügeligen Markgräflerlandes. Bereits Kelten und Römer suchten die 26,5° C warmen Quellen auf, die hier aus dem Urgestein des Schwarzwalds sprudeln. Der moderne Badebetrieb begann Mitte des 19. Jh., und bis heute suchen Gäste hier Linderung vor allem bei rheumatischen und anderen bewegungseinschränkenden Beschwerden.

Sehenswert

Kurpark

| Parkanlage |

Herzstück des gepflegten Bades ist der außergewöhnlich schöne, 12 ha große Kurpark, in dem sich das Kurhaus, die Römische Badruine und die Cassiopeia-Therme befinden. Der im 19. Jh. nach englischem Vorbild angelegte Garten glänzt mit subtropischer Pracht. Neben Mittelmeergewächsen wie Lorbeer, Oleander, Hibiskus und Zitronenbäumchen gedeihen hier auch Exoten aus Übersee, etwa Ginkos und Mammutbäume. Auf dem ausgeschilderten Rundweg bieten sich herrliche Ausblicke hinab in die Rheinebene und auf den im Südosten gelegenen Blauen (1165 m), den Hausberg von Badenweiler.

■ Eintritt frei

Römische Badruine

| Ausgrabungsstätte |

Die Römische Badruine östlich des Kurhauses ist mit ihrem Außenmaß von 95 mal 33 m das größte Römerbad nördlich der Alpen. Vermutlich ließ Kaiser Vespasian die Therme um 75 n. Chr. errichten. Im Jahr 1784 entdeckte man die Anlage bei Bauarbeiten zufällig, Ausgrabungen förderten gut erhaltene Grundmauern und Gebäudereste zutage, die heute unter einem modernen schwebenden Glasdach besichtigt werden können.

■ www.badruine-badenweiler.de, April–Okt. tgl. 10–18, Nov.–März tgl. 10–17 Uhr, Führungen April–Okt. Di 16, So 11, Nov.–März So 11 Uhr, Eintritt 3 €, erm. 1,50 €

Burg Badenweiler

| Burgruine |

Die Zähringerburg aus dem 12. Jh. wurde zwar bereits im 17. Jh. weitestgehend zerstört, ist aber – hoch über der Stadt thronend – auch heute noch Blickfang und beliebtes Ausflugsziel. Vom Bergfried der inzwischen teilweise restaurierten Burg hat man eine herrliche Aussicht über Schwarzwald, Markgräflerland und Badenweiler.

■ Eintritt frei

Die Cassiopeia-Therme sorgt mit zahlreichen großzügigen Becken für Erholung

Restaurants

€ | Markgräfler Winzerstuben Vesper-Varianten und preiswerte, bodenständige Küche zeichnen das Lokal aus. Sehr empfehlenswert sind auch die Käsekreationen. ■ Luisenstr. 6, Tel. 076 32/254, www.badenweilertherme.de, Do–Di 17–24, So zusätzlich 12–15 Uhr

€€ | Schwarzmatt In dem edlen Hotelrestaurant wird typisch Badisches wie Maultaschen und Rehrücken, aber auch Hummer und Milchlamm-Carrée serviert. Die Weinkarte offeriert beste Tropfen aus aller Welt. ■ Schwarzmattstr. 6a, Tel. 076 32/820 10, www.schwarzmatt.de, Mo–So 12–14 und 19–21.30 Uhr

Entspannung

Cassiopeia-Therme Wellnessoase der Extraklasse. Die Highlights der Therme in Badenweiler sind das Römisch-Irische Bad, die Saunalandschaft und die ausgezeichneten Themalbäder. ■ Cassiopeia-Therme, Ernst-Eisenlohr-Str. 1, Badenweiler, Tel. 076 32/79 92 00, www.badenweiler.de/cassiopeia-therme

37 Markgräflerland

Sonnenverwöhnte Wein- und Obstanbauregion im Dreiländereck

Information

■ Werbegemeinschaft Markgräflerland GmbH, Bismarckstr. 3, 79379 Müllheim, Tel. 076 31/80 15 00, www.markgraeflerland.com

»Ein Stück Italien auf deutschem Grund«, so beschrieb der Schweizer Diplomat Carl Jacob Burckhardt

(1891–1974) einst das sonnenverwöhnte Markgräflerland im Dreiländereck zwischen Südschwarzwald, Elsass und Rheinknie. Die Landschaft ist geprägt von sanften Hügeln, weiten Streuobstwiesen und natürlich den Reben, aus deren sonnenbeschienen Trauben edle Tropfen gewonnen werden. Die wohl schönste Möglichkeit, das ca. 80 km lange Gebiet zwischen Freiburg und Weil zu erkunden ist der »Markkgräfler Wiiwegli« (Weinweg).

 **Sehenswert**

Altstadt Staufen

| **Altstadt** |

Die Innenstadt Staufens präsentiert sich mit herrlichen Fachwerkhäusern, idyllischen Gässchen, schönen Cafés und geschäftigem Treiben, besonders rund um den Markplatz mit seinem markanten Brunnen. Der Legende nach wurde hier Dr. Faustus vom Teufel ins Jenseits befördert. 2007 wurde durch geothermische Bohrungen unter dem Rathaus eine Salzsprengung ausgelöst, die zur Anhebung der Erdoberfläche führte. Die Folge waren mehr als 200 schwer beschädigte Häuser. Die Risse an den Häuserfassaden sind heute noch deutlich sichtbar.

■ www.stadt-staufen.de

Burgruine Staufen

| **Ruine** |

Im 12. Jh. von Adalbert von Staufen erbaut, wurde die Burg in Anteilen von der Stadt Freiburg erworben. Nach dem Tod von Georg Leo von Staufen und dem Erlöschen seines Adelsgeschlechts war die Burg lange unbewohnt und erst im Dreißigjährigen Krieg wurde sie schließlich von den Schweden besetzt und zerstört. 1898 erwarb die Stadt Staufen die Burg, in ihrem Besitz ist die Ruine noch heute. Vom Aussichtsturm bietet sich ein herrlicher Ausblick über die Stadt, das Markgräflerland und auf den Schwarzwald. Zudem locken herrliche Spaziergänge durch die Reben rund um die Burg, welche sich direkt am Stadtrand Staufens erhebt.

■ Parkplätze an der Krotzinger Str., www.muenstertal-staufen.de

Im Blickpunkt

Obst- und Weinanbau im Markgräflerland

Das Markgräflerland ist das wichtigste und größte Obstanbaugebiet Südbadens. Angebaut werden Äpfel, Birnen, Kirschen, Pflaumen und vieles mehr – zumeist werden diese in Obstbränden verarbeitet. Der Streuobstanbau hat jedoch in den letzten Jahrzehnten stark an Bedeutung verloren. Der wichtigste landwirtschaftliche Zweig ist auch heute noch der Weinanbau. In mehr als 200-jähriger Tradition wird der Gutedel gekeltert, ein besonders sanfter und bekömmlicher Weißwein. Die lebensfrohe und naturverbundene Einstellung der in langer Tradition mit dem Weinanbau verbundenen Markgräfler lernt man übrigens am besten in einer der vielen sogenannten Straußenwirtschaften der Winzer kennen. Besonders beliebt ist dort der »Neue Süße«, wie der erste, noch nicht fertige Wein aus Traubenmost genannt wird.

Gemütliche Gasthöfe in der Altstadt von Staufen laden zur Einkehr ein

Vita Classica Bad Krotzingen

| Therme |

Die Therme in Bad Krotzingen bietet mit acht Innen- und Außenbecken, einem Wasserfall, einem Strömungskanal und gutem Massage- und Wellnessangebot alles, was Ruhesuchende benötigen. Eine schöne Saunalandschaft, die Musikhalle und das »Wohlfühlhaus« runden das Angebot des Badeparadieses ab.

■ Herbert-Hellmann-Allee 12, Bad Krozingen, Tel. 076 33/400 81 40, Mo–So 8.30–23 Uhr

Restaurants

€€ | Die Krone Staufen Hier wird hervorragende Küche mit Wildgerichten aus der Staufener Jagd in einer gemütlichen, historischen Gaststube aufgetischt, getreu dem Genussmotto: »Lebensfreude geht durch den Magen«. ■ Hauptstr. 30, Staufen, Tel. 076 33/58 40, www.die-krone-staufen.de

€€€ | Hirschen Das kleine Restaurant hat eine große Küche zu bieten: Die französisch inspirierte Edelgastronomie hat bereits zwei Michelin-Sterne eingeheimst und gehört zu den besten Adressen im Südwesten Deutschlands. Interessierte sollten unbedingt im Voraus reservieren. ■ Hauptstr. 69, Sulzburg, Tel. 076 34/82 08, www.douce-steiner.de, Mi–So 12–14 und 19–21 Uhr

Cafés

Café Decker in Staufen Die Kuchenauswahl im Café Decker in Staufen ist riesig und vor allem auch unglaublich lecker. In einladender Umgebung

Auch im Sommer ein Genuss: die Landschaft rund um den Wintersportort Todtnau

kann man hier prima verweilen und und die süßen Köstlichkeiten genießen. ■ Hauptstr. 70, Staufen, Tel. 076 33/53 16, www.cafe-decker.de, Mo 12.30–18, Di–Sa 6.30–18, So 13.30–18 Uhr

Events

Kirschblüte im Eggenertal Im Frühjahr verwandeln sich weite Teile des Markgräflerlandes in ein Meer aus weißen Kirschblüten. Ein Spaziergang auf den Streuobstwiesen ist ein Naturerlebnis der ganz besonderen Art. Das Blütentelefon informiert über den Beginn der Blütezeit – meist Mitte April. ■ Tel. 076 35/824 96 49

Erlebnisse

Eisenbahn-Fans können mit der historischen **Kandertalbahn** von Kandern bis ins 13 km entfernte Haltingen bei Basel zuckeln, sich während der 45-minütigen Fahrt im offenen Aussichtswaggon die Dampfwolken der fauchenden Lokomotive um die Nase wehen lassen und die herrliche Landschaft genießen. ■ Tel. 076 26/97 23 56, www.kandertalbahn.de, Mai–Okt. So 9.10, 13, 16 Uhr

38 Todtnau

Wintersport- und Naturparadies mit rasanter Sommerrodelbahn

Information

■ Tourist Information Todtnauberg, Kurhausstr. 18, 79674 Todtnauberg, Tel. 076 52/120 60, www.todtnauberg.de

Im oberen Wiesental rühmt sich der Luftkurort Todtnau, die »Wiege des deutschen Schneeschuhsports« zu

sein, denn bereits 1891 wurde hier der erste Skiklub Deutschlands ins Leben gerufen. Das Skigebiet des Todtnauer Ferienlandes ist heute mit insgesamt 29 Liften erschlossen und gehört zu den besten und beliebtesten Wintersportorten im Schwarzwald. Rasante Abfahrten versprechen etwa das Hasenhorn (1158 m) oder die Hänge um den 850 m hoch gelegenen Skiort Brandenberg-Fahl, auf denen sogar schon Alpin-Weltcup-Wettbewerbe ausgetragen wurden.

Sehenswert

Todtnauer Wasserfall

| Wasserfall |

Der Todtnauer Wasserfall gehört zu den zehn schönsten Naturdenkmälern Deutschlands. Entstanden vor rund 11000 Jahren, fällt der Stübenbach in mehreren Stufen fast 100 m tief ins Tal. Der Hauptfall allein ist 60 m hoch. Ein herrlicher Wanderweg mit fantastischen Aussichten führt links und rechts immer entlang des Wasserfalls ins Tal.

Hasenhorn Coaster

| Sommerrodelbahn |

Rasant abwärts auf der längsten Rodelbahn Deutschlands

Eine der spektakulärsten Rodelbahnen und zugleich die längste Rodelbahn Deutschlands ist der Hasenhorn-Coaster. Er wurde 2004 gebaut und bietet auf der rund vier Minuten dauernden, rund 3 km langen Abfahrt Spaß pur. Die Rodler können die Geschwindigkeit selbst kontollieren. Maximal sind 40 km/h auf der Bahn möglich. Steilkurven, Sprünge, Kurvenabfahrten, Wellen und drei Kreisel machen die Fahrt zum Erlebnis mit Nervenkitzel. An gut besuchten Wochenenden muss mit längeren Wartezeiten gerechnet werden.

■ Hasenhorn-Sessellift Todtnau, Tel. 07671/96980, www.hasenhorn-rodelbahn.de, tgl. 10–16.30 je nach Wetter

Restaurants

€€ | **Café - Restaurant Waldblick** Das, urige Café-Restaurant Waldblick in herrlicher Lage bietet regionale Köstlichkeiten in entspannter Atmosphäre. Gespeist wird in einem alten Schwarzwälder Haus. ■ Schwimmbadweg 23, Tel. 07671/2229977, waldblick-todtnauberg.com, Mi–Fr ab 17.30, Sa und So ab 11.30 Uhr

Sport

Bikepark Todtnau Der Bikepark Todtnau ist nicht nur der älteste Bikepark Deutschlands, sondern gehört mit seinen Downhill-Strecken auch zu den bekanntesten und rasantesten Mountainbike-Abfahrten im ganzen Land. ■ Brandenbergstr. 2, 79674 Todtnau, bikepark-todtnau.de

Wandern

Martin-Heidegger-Rundweg Die beschauliche knapp 7 km lange Wanderung mit engem Bezug zum Philosophen Martin Heidegger, der eine Hütte in Todtnauberg besaß, führt rund um den gleichnamigen Berg. Unterwegs trifft man zudem immer wieder auf spannende Designer-Sitzgelegenheiten, die zum Verweilen, Genießen und Denken anregen. Beginn ist der Wanderparkplatz Radschert, dann geht es zur Fatima-Kapelle und in den Ortsteil Rütte.

ADAC *Wussten Sie schon?*

Einer der bekanntesten und zugleich leckersten Exportschlager des Schwarzwalds ist eindeutig die **Schwarzwälder Kirschtorte.** Doch kommt die sahnig-süße Versuchung, die es zu Weltruhm gebracht hat, ursprünglich gar nicht aus dem Schwarzwald. Stattdessen wurde sie in den 1920er-Jahren von einem Bad Godesberger Konditormeister namens Josef Keller kreiert. Die Schwarzwälder Kirschtorte ist die bekannteste und beliebteste Torte Deutschlands. Alle zwei Jahre findet in Todtnauberg das Schwarzwälder Kirschtortenfestival statt – ein absoluter Leckerbissen für Genießer!
Tourist Info Todtnauberg, Tel. 07652/12068530, www.kirschtorte.de

39 St. Blasien

Kleiner Kurort mit großem Dom und reicher Klostergeschichte

Information

■ Tourist Info St. Blasien, Am Kurgarten 1–3, 79837 St. Blasien, Tel. 07652/12068550, www.hochschwarzwald.de/st.blasien

Tief eingeschnitten ist das Tal der Alb, in dem sich der 762 m hoch gelegene heilklimatische Kurort St. Blasien ausbreitet. Bei der Zufahrt von Norden, Westen oder Osten fällt stets als erstes eine riesige kupfergrüne Kuppel ins Auge. Sie gehört zur Kirche des ehemaligen Benediktinerklosters, um das sich einst die Kleinstadt entwickelte. Heute bildet St. Blasien den kulturellen Mittelpunkt der ansonsten nur recht dünn besiedelten Talschaften südlich des Feldbergs.

Sehenswert

Dom St. Blasien

| Dom |

25 *Alte Abteikirche mit der schönsten Kuppel im Schwarzwald*

In den Jahren 1771–83 entstand der Dom von St. Blasien, eine sichtlich vom römischen Pantheon inspirierte Kuppelkirche. Das monumentale Meisterwerk des Frühklassizismus ist mit 63 m Höhe und einem Durchmesser von 36 m eine der größten Kuppelkirchen Europas. Die Innenausstattung gibt sich betont schlicht, so manches Kunstwerk fiel der Säkularisierung 1806 zum Opfer. Wunderschön ist die Orgel, die sich heute an der Rückwand des Chores befindet.

■ Tel. 07672/678, www.dom-st-blasien.de, im Sommer tgl. 8–18.30, im Winter tgl. 8.30–17 Uhr, Konzerte www.domkonzerte-stblasien.de, Juli/Aug. Di, Sa 20.15 Uhr

Restaurants

€€ | **Silva Nigra** Außerordentlich schmackhafte und frisch zubereitete Produkte aus der Region werden im gehobenen Ambiente stilvoll serviert. ■ Todtmooserstr. 24, Tel. 07672/341111, Do–Sa 18–22, So 12–14 und 18–22 Uhr

€€ | **Klostermeisterhaus** Gemütliches Restaurant mit regionalen Köstlichkeiten und wunderschöner Dachterrasse inklusive Domblick. ■ Im Süßen Winkel 2, Tel. 07672/9226895, www.klostermeisterhaus.com, Mi–So 11.30–14.30 und 17.30–22 Uhr

Wandern

Menzenschwander Geißenpfad und Wasserfälle Im 8 km entfernten Menzenschwand, das zu St. Blasien gehört, startet der lohnende Premium-Rundwanderweg Menzenschwander Geißenpfad. Er führt auf rund 10 km von Menzenschwand rund um das Menzenschwander Tal bis zu den Menzenschwander Wasserfällen, die malerisch eine kleine Schlucht hinabrauschen, und zurück.

 Waldshut-Tiengen

Doppelstadt am Rhein mit zwei historischen Stadtkernen

Information

■ Tourist Information Waldshut, Wallstr. 26, 79761 Waldshut-Tiengen, Tel. 077 51/83 32 00, www.waldshut-tiengen.de

Die Kreisstadt Waldshut-Tiengen an der Grenze zur Schweiz ist das wirtschaftliche und kulturelle Zentrum am Hochrhein. Das gegenüber der Aaremündung auf einer Terrasse über dem Rheinufer gelegene Waldshut bildet sozusagen die südöstlichste Ecke des Schwarzwalds, während Tiengen etwa 8 km weiter östlich, bereits dem benachbarten Klettgau zuzurechnen ist. Die beiden Städte schlossen sich im Zuge der baden-württembergischen Gemeindereform 1975 zu einer Kreisstadt zusammen.

 Sehenswert

Kaiserstraße und Altstadt

| **Altstadt** |

Herzstück der Altstadt von Waldshut ist die autofreie Kaiserstraße, die im Westen vom Unteren Tor (Basler Tor) und im Osten vom Oberen Tor (Schaffhauser Tor) begrenzt wird. Sehr schön anzusehen ist die bemalte Fassade am

Imposanter Kuppelbau im römischen Stil: der Dom in St. Blasien

Der Rheinfall ist zu jeder Jahreszeit ein rauschendes Fest für die Sinne

Haus »Zum wilden Mann«. Auch das 1726 abgebrannte und 40 Jahre später neu aufgebaute Rathaus mit barocker Fassade und einem aufgesetzten behelmten Dachtürmchen ist ein Hingucker. Mitten durch die Kaiserstraße plätschert munter der Stadtbach, auf beiden Seiten laden Terrassenlokale zum Verweilen ein. Wahrzeichen der gemütlichen, stimmungsvollen Altstadt von Tiengen ist der runde Storchenturm.

Tiengener Schloss

| Schloss |

Das in Privatbesitz befindliche Schloss Tiengen besteht heute aus zwei Gebäuden – dem Alten und dem Neuen Schloss. Der ältere Bau diente im 11. Jh. als Wehr- und Wohnturm der Freiherren von Krenkingen. In ihm befinden sich heute die renovierten Vereinsräume der Bürger- und Narrenzunft 1503, eines Vereins zur Pflege des Brauchtums. Im Neuen Schloss, das im 16. Jh. errichtet wurde, ist das Klettgau- und Heimatmuseum untergebracht.

■ Schloßplatz 1, Tel. 077 41/47 33, Mai–Sept. So 10–13 Uhr

In der Umgebung

Rheinfall

| Wasserfall |

Kaum ein Besucher lässt sich die Gelegenheit entgehen, von Waldshut-Tiengen aus einen Abstecher von etwa 20 km nach Osten in die Schweiz zu machen, wo nahe der Stadt Schaffhausen der Rheinfall in die Tiefe donnert. Es ist schon ein beeindruckender Anblick, wie die Wassermassen auf einer Breite von 150 m schäumend und Gischt sprühend eine 23 m hohe Kalkschwelle hinabstürzen – je nach Jahreszeit und Pegelstand 250–600 m³ Wasser pro Sekunde.

■ www.rheinfall.ch

Übernachten

Im Südschwarzwald gibt es zahlreiche hervorragende Unterkünfte in schönster Lage, die sich nahtlos in die beeindruckende Landschaft des Hochschwarzwaldes einbetten. Es dominieren Gasthöfe, Pensionen und familiengeführte Hotels – viele von ihnen mit hervorragendem Wellness-Angebot. Überall ist man eingestellt auf Aktivurlauber, auf die Wanderer im Sommer ebenso wie auf die Wintersportler zur kalten Jahreszeit. Preiswert und authentisch lässt es sich bei den vielen, speziell auf Feriengäste eingerichteten Bauernhöfen übernachten. Eine gute Anlaufstelle für die Buchung ist die Hochschwarzwald Tourismus GmbH.

Freiburg 90

€€ | Clarion Hotel Hirschen in Lehen Am Rande Freiburgs in ruhiger Lage lässt es sich im 2005 erbauten Hirschen wunderbar übernachten. Das Hotel verfügt über ein ausgezeichnetes Restaurant. ■ Breisgauer Str. 47, 79110 Freiburg, Tel. 07 61/897 76 90, www.hirschen-freiburg.de

€€ | Schwarzwälder Hof Das in dritter Generation geführte Hotel liegt sehr zentral. Empfehlenswert sind die Zimmer der Kategorie »Münzgasse«. Badisches Restaurant. ■ Herrenstr. 43, 79098 Freiburg, Tel. 07 61/380 30, www.schwarzwaelder-hof.com

€€€ | Colombi Mitglied der »Leading Hotels of the World«. Die 112 Zimmer und Suiten sind stilvoll eingerichtet. Schöner Wellnessbereich. Das Restaurant bietet badisch-französische Küche. ■ Rotteckring 16, 79098 Freiburg, Tel. 07 61/210 60, www.colombi.de

Hinterzarten 102

€€€ | Boutique-Hotel Alemannenhof Das schicke Boutiquehotel direkt am Titisee vereint in beeindruckender Manier Tradition und Moderne. Empfehlenswert ist der Wellnessbereich. Küche mit hohem Niveau. ■ Bruderhalde 21, 79822 Hinterzarten, Tel. 076 52/911 80, www.hotel-alemannenhof.de

€€€ | Parkhotel Adler Das Parkhotel Adler besitzt nicht nur 5 Sterne, es versteht sich auch als Kulturtreffpunkt der Region. Wohlfühlen, erholen und genießen in schickem Ambiente. Mit Außen-Pool und Wellness-Pavillon. ■ Adlerplatz 3, 79856 Hinterzarten Tel. 076 52/12 70, www.parkhoteladler.de

Titisee-Neustadt 104

€€€ | Treschers Schwarzwald Romantik Hotel Die ruhige Lage in herrlicher Natur, elegant und schick eingerichtete Zimmer sowie ein umfangreiches Wellness-, Bade- und Verwöhn-Angebot garantieren ein wunderbares Übernachtungserlebnis. Mehrere gemütliche Restaurants mit sehr guter Küche. ■ Seestr. 10, 79822 Titisee-Neustadt, Tel. 076 51/80 50, schwarzwaldhotel-trescher.de

Münstertal 111

€€ | Romantik Hotel Spielweg Luxuriöses Romantikhotel mit Freibad, Sau-

na und Tennisplatz. Die Zimmer und Apartments sind im Landhausstil gehalten. In der heimeligen Gaststube kann man köstlichen Rohmilchkäse aus der eigenen Hofkäserei probieren. ■ Spielweg 61, 79244 Münstertal, Tel. 076 36/70 90, www.spielweg.com

Badenweiler 114

€€€ | Hotel Schlossberg Die Wohlfühloase mitten im Kurpark bietet einen herrlichen Blick in die Rheinebene und liegt sehr nah an der Cassiopeia-Therme. Empfehlenswert ist das Schlossbergfrühstück für Langschläfer. ■ Schlossbergstr. 3, 79410 Badenweiler, Tel. 076 32/828 50, www.hotel-schlossberg-badenweiler.de

Todtnau 118

€€ | Die Halde Entspannt in schöner Umgebung Natur und Landschaft zu genießen, ist im Hotel Die Halde kein Problem: herrlicher Blick auf den Feldberg, tolles Wellness-Angebot und sehr gute hauseigene Küche. ■ Halde 2, 79254 Oberried-Hofsgrund, Tel. 076 02/944 70, www.halde.com

St. Blasien 120

€€ | Hotel Albtalblick Modern eingerichtete Zimmer und ein Restaurant mit leckeren saisonalen und regionalen Speisen. Entspannen kann man in der angeschlossenen Wellnessoase mit Panoramablick. ■ Sankt Blasier Str. 9, 79837 Häusern, Tel. 076 72/930 00, www.albtalblick.de

Waldshut-Tiengen 121

€€ | Schweizerblick Modernes Haus mit 27 geräumigen Zimmern in ruhiger Lage am Kurpark. Gäste haben kostenfreien Eintritt in die Aqualon-Therme. ■ Schneckenhalde 1, 79713 Bad Säckingen, 30 km von Waldshut-Tiengen, Tel. 077 61/925 20, www.schweizerblick.de

ADAC *Das besondere Hotel*

Im Schwarzwald »glampen«, also campen, ohne auf Luxus zu verzichten – das kann man hervorragend in den Tipis des **SchwarzwaldCamps**. Die Zelte stehen fertig aufgebaut auf Holzplattformen und sind komplett ausgestattet mit Doppelbett, Tischchen, Sitzgelegenheiten und Küchenkiste. Die bequemsten Tipis heißen »Alfons« und »Annele«. Auch eine Gondel und Baumzelte stehen als Übernachtungsmöglichkeiten zur Verfügung.

€€ | Gewann Zeltplatz 2, 79859 Schluchsee, Tel. 076 56/988 43 48, www.schwarzwaldcamp.com

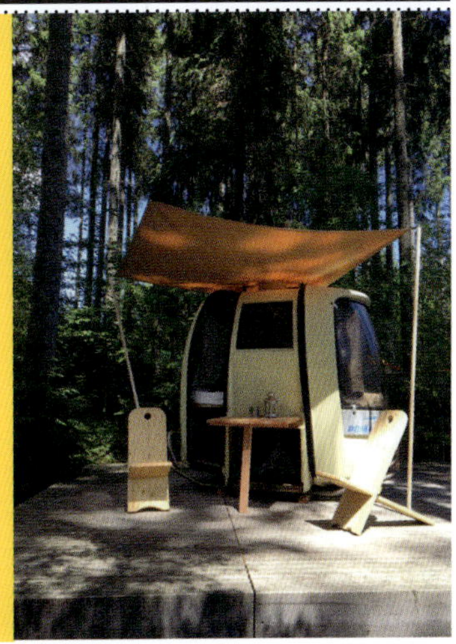

ADAC *Service Schwarzwald*

Beim **ADAC Infoservice**, in den **ADAC Geschäftsstellen** sowie auf dem **Internetportal des ADAC** (www.adac.de) erhalten Sie Informationen zu den Dienstleistungen des Automobilclubs und zu Ihrem Reiseziel. Als **ADAC Mitglied** können Sie zudem das kostenlose **ADAC TourSet® Schwarzwald** mit vielen Reiseinfos und Karten anfordern oder die **TourSet App** auf dem **Smartphone** oder **Tablet-PC** installieren (www.adac.de/toursetapp).
Rufen Sie bei Notfällen und Pannen den **ADAC Notruf** bzw. den **ADAC Auslandsnotruf** an. Unser Team steht Ihnen rund um die Uhr zur Verfügung.

ADAC Infoservice

Tel. 0800/5101112
Infos zu allen ADAC Leistungen
(Mo–Sa 8–20 Uhr, gebührenfrei)

ADAC Notruf Deutschland

Tel. 0180/2222222
(24 Std., ca. 6 ct/Anruf, max. 42 ct/Min. aus deutschem Mobilfunknetz)

ADAC Notruf Mobil-Kurzwahl

Tel. 222222
(Gebühren variieren je nach Netzbetreiber)

ADAC Auslandsnotruf

Tel. +49/89/222222
(Gebühren variieren je nach Netzbetreiber und Land)

Internet-Serviceangebote des ADAC für Ihre Reiseplanung

Service	**Webadresse**
Aktuelle Verkehrslage	www.adac.de/verkehr
ADAC Routenplaner	www.adac.de/maps
Infos zu Tankstellen und Spritpreisen	www.adac.de/tanken
Infos zu mautpflichtigen Strecken	www.adac.de/maut
Infos zu Fährverbindungen	www.adac.de/faehren
ADAC TourMail (Aktuelle Infos vor Anreise)	www.adac.de/tourmail
Informationen für Camper	www.adac.de/camping
Informationen für Motorradfahrer	www.adac.de/motorrad
Informationen für Segler und Skipper	www.adac.de/sportschifffahrt
ADAC Reiseangebote	www.adacreisen.de
ADAC Autovermietung	www.adac.de/autovermietung
ADAC Mitfahrclub (offen für alle)	www.adac.de/mitfahrclub
ADAC Versicherungen für den Urlaub	www.adac.de/versicherungen
Weltweite Preisvorteile für ADAC Mitglieder	www.adac.de/vorteile-international

Diese **Produkte des ADAC** könnten Sie interessieren: **ADAC Reiseführer Oberbayern, ADAC Reiseführer Thüringen** und **ADAC Reiseführer Südtirol** – erhältlich im Buchhandel, bei den ADAC Geschäftsstellen und in unserem ADAC Online-Shop (www.adac.de/shop).

Anreise und Einreise

Auto

Viele Wege führen in die Ferienregion: Die Autobahn A 5 Karlsruhe–Freiburg–Basel verläuft im Rheintal am westlichen Schwarzwaldrand. In den Nordschwarzwald gelangt man über die A 8 Karlsruhe–Pforzheim–Stuttgart, den Ostrand erschließt die A 81 Stuttgart–Villingen-Schwenningen–Bodensee. Im Süden führt die B 34 entlang des Hochrheins über Bad Säckingen und Waldshut-Tiengen nach Schaffhausen.

Bahn

Im Rheintal verkehren ICEs von und nach Basel mit Stopps in Baden-Baden, Freiburg und teils auch in Offenburg. Die malerische Strecke der Schwarzwaldbahn zwischen Offenburg und Konstanz am Bodensee nutzen täglich ein IC sowie mehrere RE-Züge. Mit der Höllentalbahn geht es von Freiburg über Titisee und Schluchsee in den Schwarzwald.

Fahrplanauskunft

- Deutsche Bahn, Tel. 018 06/99 66 33 , Tel. 08 00/150 70 90 (gebührenfrei, automatische Fahrplanansage), www.bahn.de, www.fahrplanauskunft.de
- Österreichische Bundesbahnen, Tel. 05/17 17, www.oebb.at
- Schweizerische Bundesbahnen, Tel. 09 00/30 03 00, www.sbb.ch

Flugzeug

Drei internationale Flughäfen rings um den Schwarzwald bieten sich für die Anreise mit Linienflügen etwa ab Berlin, Hamburg, München oder Wien an:

- Flughafen Stuttgart (STR), 12 km südl. von Stuttgart, Tel. 07 11/94 80, www.flughafen-stuttgart.de
- Euro Airport Basel-Mulhouse-Freiburg (EAP bzw. BSL für Basel oder MLH für Mulhouse), 6 km nordwestl. von Basel bzw. 30 km südöstl. von Mulhouse, Tel. 00 41/(0)613 25 31 11, www.euroairport.com
- Flughafen Zürich (ZRH), 13 km nördl. von Zürich, Tel. 09 00/30 03 13 (gebührenpflichtig), www.flughafen-zuerich.ch

Auto und Straßenverkehr

Tanken

Das Tankstellennetz im Schwarzwald ist flächendeckend. Auch an abgelegenen Stellen findet sich immer rechtzeitig die nächste Tankstelle.

Parken

An allen touristischen Attraktionen sind ausreichend Parkplätze vorhanden. Am Feldberg ist vor allem im Winter mit Staus zu rechnen. Das dortige Parkhaus ist in der Regel bereits am Vormittag komplett gefüllt. Am Belchen und Schauinsland sollten die Parkmöglichkeiten an den unteren Seilbahnstationen genutzt werden.

Unfall

Nach einem Unfall sollten Sie sofort anhalten, die Unfallstelle absichern und Erste Hilfe leisten. Bei Personenschaden sollten Sie unbedingt die Polizei verständigen (Notruf: 112). Die Notrufzentrale des ADAC erreichen Sie bei Fahrzeugpannen und -unfällen unter Tel. +49/89 22 22 22.

Straßennetz

Die Straßen im Schwarzwald sind in sehr gutem Zustand. Schlaglöcher gibt es kaum. Angepasstes Fahren ist aufgrund vieler kurvenreicher Straßen und Engstellen auf schmaleren Straßen angebracht.

Festivals und Events

Januar

Todtmoos-Schwarzenbach, Bernau (Ende Jan.) – Internationale Schlittenhunderennen.

Februar/März

Schwäbischalemannische Fasnet (www.alemannische-fasnet.de) – Highlights sind u. a. der Rottweiler Narrensprung (Rosenmontag), die Schramberger Da-Bach-na-Fahrt (Rosenmontag) und der große Villinger Umzug (Faschingsdienstag).

Mai/Juni

Pfingstfestspiele, Baden-Baden (www.festspielhaus.de) – Musikkultureller Höhepunkt mit Opern, Konzerten und anderen Veranstaltungen im Festspielhaus.

Viehabtrieb in Münstertal

Juni / Juli

ZMF, Freiburg (www.zmf.de) – Zelt-Musik-Festival mit Pop-, Rock-, Blues- und Jazzmusik vor den Toren der Stadt auf dem Mundenhof.

Stimmen-Festival, Lörrach (www.stimmen.com) – Das überragende Musikereignis im Dreiländereck feiert stimmliche Vielfalt.

August

Calwer Klostersommer, Hirsau (www.calwer-klostersommer.de) – Konzerte klassischer und moderner Musik, Theater- und Kinderevents bei der Klosterruine St. Peter und Paul.

Internationale Domkonzerte, St. Blasien (www.domkonzerte stblasien.de) – Auftritte namhafter Chöre, Ensembles und Organisten unter der Kuppel der Abteikirche.

Laurentiusfest, Feldberg (10. Aug.) – Das »Fest der Hirten und Herden« mit Gottesdienst und Hüttengaudi.

September

Rossfest, St. Märgen (www.st-maergen.de) – Die groß gefeierte Pferdeschau findet alle drei Jahre (nächster Termin 2019) statt.

Oktober

Donaueschinger Musiktage (www.swr.de/donaueschingen) – Seit 1921 Treff der musikalischen Avantgarde.

Almabtrieb Münstertal (www.muenstertal.de) – Am 1. Oktoberwochenende findet der traditionelle Viehabtrieb statt. Wird mit viel Musik und großem Fest gefeiert.

Dezember

Weihnachtsmärkte Besonders schöne Weihnachtsmärkte finden in Freiburg, Gegnenbach (weltgrößter Adventskalender in den Fenstern des Rathauses), Altensteig, Triberg und in der Ravennaschlucht statt.

Gefahren im Winter

Im Winter herrscht in weiten Teilen des Schwarzwaldes bei entsprechenden Verhältnissen Schneekettenpflicht für LKWs. Autofahrer müssen Winterreifen aufgezogen haben und auch Schneeketten sind anzuraten.

Besondere Verkehrsvorschriften

Fahrzeuge, die in der Umweltzone Freiburg fahren oder parken, benötigen eine grüne Feinstaubplakette.
In den Sommermonaten ist an Wochenenden und Feiertagen die Zufahrt auf den Schauinsland für Motorräder gesperrt.

Barrierefreies Reisen

Informationsbroschüren zum barrierefreien Reisen im Schwarzwald sind in den jeweiligen Tourismusämtern erhältlich. Im Internet kann man sich diese auch unter www.schwarzwald-barrierefrei-erleben.de herunterladen.

Einkaufen

Souvenirs

Zu den beliebtesten Mitbringseln aus dem Schwarzwald gehören **kulinarische Spezialitäten**, u.a. Schinkenspeck, Kirschwasser und Tannenhonig. Eine **Kuckucksuhr** kauft man am besten direkt bei einem Hersteller, etwa in Schonach oder Furtwangen, um sicher ein im Schwarzwald hergestelltes Original zu erwerben.
Zudem bieten etliche Glasbläsereien geschmackvolle **Glaswaren** an, etwa Karaffen und Schalen. Tradition haben auch **Holzschnitzarbeiten**, **Korbwaren** und **Strohhüte**. Originell sind auch die **Finken**, etwas unförmige, aber bequeme Hausschuhe aus Stroh und Filz.

Essen und Trinken

Die Schwarzwälder Küche schöpft aus verschiedenen Quellen, vor allem aus dem Schwabenland, was u.a. an den allerorts angebotenen Spätzle und Maultaschen zu sehen ist. Dazu gesellen sich Anleihen aus der Schweizer und französischen, speziell der elsässischen Küche. Französische Raffinesse verbindet sich so mit deutscher Bodenständigkeit zu einer vorzüglichen Regionalküche. Das Feinschmeckerparadies schlechthin ist **Baiersbronn** (S. 29), wo man zwischen mehreren Spitzenlokalen die Qual der Wahl hat.
Auf dem Kaiserstuhl und im Markgräflerland gibt es **Straußen-** oder **Besenwirtschaften**, deren Gasträume sich meist in Privathäusern befinden. Ihr Name rührt von vor dem Haus aufgehängten Sträußen oder Besen, die anzeigen, dass geöffnet ist – meist nur im Frühjahr und Herbst. Hier werden meist selbst gemachte Produkte aufgetischt, etwa Zwiebelkuchen, zu dem ein Viertele Hauswein kredenzt wird. Eine Liste der Schwarzwälder Spezialitäten findet sich auf S. 69.
Die regionalen **Weinberge** erstrecken sich am Westrand des Schwarzwaldes von der Ortenau südlich von Baden-Baden über den Breisgau, Kaiserstuhl und Tuniberg bis zum Markgräflerland zwischen Freiburg und Basel. Die Ortenau ist für ihre Riesling-Weine, etwa den Klingelberger, bekannt und für den Spätburgunder. Im Breisgau sind der Müller-Thurgau und der Glottertaler Weißherbst beliebt. Der Kaiserstuhl bringt auf seinen Lössböden einen sehr guten Ruländer hervor, daneben werden in Deutschland sonst nur wenig verbreitete Sorten wie Chardonnay und Cabernet kultiviert.

Feiertage

1. Januar (Neujahr), 6. Januar (Hl. Drei Könige), Karfreitag, Ostermontag (März/April), 1. Mai (Tag der Arbeit), Himmelfahrt (40 Tage nach Ostern), Pfingstmontag, Fronleichnam (2. Do nach Pfingsten), 3. Oktober (Tag der Deutschen Einheit), 1. November (Allerheiligen), 25./26. Dezember (Weihnachten).

Geld und Währung

Kreditkarten werden fast überall akzeptiert. In Geschäften kleinerer Orte kann jedoch oft nur bar oder mit EC-Karte gezahlt werden. Das Netz aus Bankautomaten ist flächendeckend.

Kosten im Urlaub

(durchschnittliches Preisniveau)

Kaffee	2–3 €
Einfaches Vespergericht	5–10 €
Kurtaxe pro Tag	1–3 €
Tageskarte Nahverkehr	4–10 €
Skilift Tageskarte	10–30 €

Gesundheit

Die medizinische Versorgung im Schwarzwald ist ausgezeichnet Alle größeren Orte haben gut ausgestattete Krankenhäuser – allen voran Freiburg mit gleich mehreren guten Kliniken. Die Apotheken bieten Notdienste an (Tel. 228 33), für Wanderer steht die Bergwacht (Tel. 07 61/49 33 66) und der Giftnotruf (Tel. 07 61/192 40) zur Verfügung. Das Leitungswasser kann überall unbedenklich getrunken werden. Wie überall in Baden-Württemberg ist eine Zeckenimpfung (FSME) empfehlenswert.

Information

Tourist Informationen und Kurverwaltungen sind unter den jeweiligen Orten im Buch angegeben.

Regionale Informationsstellen

Schwarzwald Tourismus GmbH

■ Heinrich-von-Stephan-Str. 8b, 79104 Freiburg, Tel. 07 61/89 64 60, www.schwarzwald-tourismus.info

Hochschwarzwald Tourismus GmbH

■ Freiburger Str. 1, Hinterzarten, Tel. 076 52/120 60, www.hochschwarzwald.de

Naturpark Südschwarzwald e.V.

■ Dr.-Pilet-Spur 4, Feldberg, Tel. 076 76/93 36 10, www.naturpark-suedschwarzwald.de

Ferienland im Schwarzwald GmbH

■ Geschäftsstelle Franz-Schubert-Str. 3, Schönwald, Tel. 077 22/86 08 31, www.dasferienland.de

Kinder

Der Schwarzwald macht mit Kindern besonders viel Spaß. Empfehlenswert sind u.a. der Steinwasen-Park, der Europa-Park Rust, das Maisfeldlabyrinth in Opfingen (Juli-Sept.), die Wildnispfade im Nationalpark Schwarzwald, der Märchenwanderweg in Waldkirch, das mittelalterliche Hochburgfest in Emmendingen, die Fundorena auf dem Feldberg und die Sommerrodelbahn in Todtnau.
Aber auch das Übernachten auf einem Bauernhof, Museumsbergwerke, spannende, Themenwanderungen und die vielen Wildtiergehege bieten für Kinder tolle Erlebnisse.

Klima und beste Reisezeit

Im Schwarzwald herrscht ein gemäßigtes Mittelgebirgsklima mit nicht zu heißen Sommern und relativ milden Wintern. Den Frühling zeigt nicht der Kalender an, sondern die Apfelblüte. Der Schwarzwald hat das ganze Jahr Saison. Wanderungen und Radtouren sind vom Frühjahr bis in den Spätherbst hinein möglich, vor allem die Herbstmonate bieten auf den Höhen meist gute Fernsicht. Die Wintersportsaison beginnt im Dezember und dauert bis in den März.

Klimatabelle Titisee-Neustadt

Monat	Luft (°C) (min./ max.)	Sonne (h/Tag)	Regen-tage
Jan.	-3/2	1	12
Feb.	-2/4	3	10
März	1/10	5	9
April	5/15	6	11
Mai	8/19	7	13
Juni	12/23	6	13
Juli	13/24	7	13
Aug.	14/24	7	13
Sept.	11/21	6	10
Okt.	6/14	3	10
Nov.	2/7	2	10
Dez.	-2/3	1	10

Kuren

Der Schwarzwald hat mit 16 heilklimatischen Kurorten, acht Kneippkurorten, einem Heilstollen mit Kurbetrieb und rund 65 Luftkurorten eine einzigartige Dichte an anerkannten Erholungsplätzen. Das gesunde Reizklima ist medizinisch ebenso anerkannt wie die wohltuende Wirkung der Schwarzwälder Thermalquellen.

■ Heilbäderverband Baden-Württemberg, Esslinger Str. 8, 70182 Stuttgart, Tel. 07 11/ 218 45 76, www.heilbaeder-bw.de

Medien

Links und Blogs

als.wikipedia.org Die Wikipedia auf alemannisch. So bleiben im digitalen Zeitalter regionale Dialekte erhalten.

badische-seiten.de Spannendes und Wissenswertes aus Südbaden – von Schwarzwald bis Bodensee.

www.badische-zeitung.de Online Auftritt der Badischen Zeitung, der größten Tageszeitung der Region.

fudder.de Junges, frisches Magazin mit Neuigkeiten aus Freiburg und Region. Von Freiburgern für Freiburger.

regiowebcam.de Wie ist das Wetter gerade auf dem Feldberg? Die regionalen Webcams helfen weiter.

www.schwarzwald-nationalpark.de Offizielle Seite des Nationalparks Schwarzwald, dem ersten Nationalpark Baden-Württembergs.

www.schwarzwald-regioguide.de Online Magazin für den Schwarzwald. Themen reichen von touristischen Hot Spots über historische und bedeutsame Plätze bis hin zu Freizeitaktivitäten und Ausflugsmöglichkeiten.

schwarzwaldverein.de Seiten des Schwarzwaldvereins. Als erster Wanderverein Deutschlands in Freiburg gegründet, ist er heute der zweitgrößte deutsche Wanderverband.

Radiosender

Der größte regionale Radiosender ist der Südwestrundfunk (SWR). Ebenfalls regionale Schwerpunkte setzen baden.fm, und Radio Regenbogen.

Nachtleben

Selbst im ruhigen Schwarzwald kommen Nachtschwärmer auf ihre Kosten. Vor allem die Studentenmetropole Freiburg lockt mit Kneipen, Bars und Kleinkunstbühnen.

Im Nordschwarzwald können korrekt gekleidete Damen und Herren im Casino Baden-Baden (S. 21) bei Roulette, Black Jack, Poker oder an Spielautomaten ihr Glück versuchen.

Notfall

Notrufnummer: Tel. 112
Polizei: Tel. 110
Apothekennotdienst: Tel. 22833
Bergwacht: Tel. 0761/493366
Kreditkartensperre: Tel. 116116
ADAC Pannenhilfe: Tel. 0180/222222.

Öffnungszeiten

Geschäfte und Läden in größeren Städten haben in der Regel zwischen 9 und 20 Uhr geöffnet. In kleineren Orten wird oft schon gegen 18.30 Uhr geschlossen. Auch eine Mittagspause zwischen 12.30 und 15 Uhr ist dort nicht selten. Gleiches gilt auch für Banken und Postämter.

Sport

In der Erholungsregion Schwarzwald sorgt ein vielfältiges Angebot an Sport- und Freizeitaktivitäten für Abwechslung. Im Vordergrund stehen Wandern, Radfahren und Wintersportarten wie Ski alpin oder Langlauf. Daneben kommen auch Golfer, Kletterer, Reiter, Segelflieger und Kajakfahrer auf ihre Kosten.

Hochseilgärten und Kletterreviere

Die Battertfelsen bei Baden-Baden, die Gfällfelsen bei Oberried oder die Steinwände im Schlüchttal sind interessante Gebiete für Sportkletterer. Spaß für die ganze Familie versprechen zahlreiche Hochseilgärten mit Parcours aller Schwierigkeitsgrade:

Action Forest

■ Neustädter Str. 41, Titisee-Neustadt, Tel. 07651/9365977, www.action-forest.de

Fundorena

■ Dr.-Pilet-Spur 11, Feldberg, Tel. 07676/18690, www.fundorena.de

Waldklettergarten

■ Kenzingen-Bombach, Tel. 07644/927874, www.abenteuerimwald.de

Radfahren

Das gut ausgebaute Radwegenetz im Schwarzwald wird allen Ansprüchen gerecht, von leichten Ausflügen bis hin zu anspruchsvollen Bergtouren.

»Viel Schwarzwald, möglichst wenige Steigungen« verspricht etwa der 280 km lange **Panorama-Radweg** (Wegzeichen grüne Tanne, schwarzes Fahrrad) über aussichtsreiche Höhen und durch idyllische Täler von Pforzheim nach Waldshut-Tiengen. Reizvoll sind auch einzelne Tagesetappen. Wer mit einem **E-Bike** unterwegs ist, findet in der Region ein gut ausgebautes Netz an Lade- und Akkuwechselstationen.

Auch für Mountainbiker gibt es Reviere in allen Schwierigkeitsgraden. Eine Herausforderung ist **Bike Crossing Schwarzwald** (Wegzeichen blauer Biker auf gelbem Grund): 16 000 Höhenmeter gilt es auf dieser 450 km langen Strecke zwischen Pforzheim und Bad Säckingen zu bewältigen.

Wandern

Auf Schusters Rappen die Natur zu erleben, hat im Schwarzwald Tradition. Ein Pionier des Wandertourismus ist der 1864 in Freiburg gegründete **Schwarzwaldverein**. In seinem Auftrag betreuen 300 ehrenamtliche Wegwarte ein markiertes Wegenetz von mittlerweile ca. 24 000 km. Die meisten Tourismusbüros halten Broschüren mit regionalen Tourentipps bereit.

Ein besonderes Erlebnis bieten die **Schwarzwälder Genießerpfade**. Diese 6 bis 18 km langen Premiumwanderwege sind abwechslungsreich und bieten jeweils ein besonderes »Genussthema«. Eine Broschüre mit allen 35 Genießerpfaden bietet die Schwarzwald Tourismus GmbH.

Eine weitere Besonderheit im Schwarzwald sind die gut ausgebauten und mit verschiedenfarbigen Rauten markierten **Fernwanderwege**. Die drei bekanntesten Routen sind der West-, Ost- und Mittelweg. Sie alle beginnen in Pforzheim und queren den Schwarzwald in seiner ganzen Länge. Am anspruchsvollsten ist der Westweg (Wegzeichen: rote Raute auf weißem Grund) nach Basel. Auf 285 km gilt es dabei 5500 Höhenmeter zu überwinden, wobei drei der höchsten Schwarzwaldgipfel bestiegen werden. Für die gesamte Strecke sind 12 bis 13 Wandertage zu veranschlagen. Informationen über Fernwegenetz, Wanderheime und Wanderliteratur hält der Schwarzwaldverein bereit.

Wanderbusse steuern beliebte Routen am Feldberg, am Belchen, im Wiesental, an der Schwarzwaldhochstraße und der Wutachschlucht an:

■ Schwarzwaldverein e.V., Schlossbergring 15, Freiburg, Tel. 07 61/38 05 30, www.schwarzwaldverein.de

■ Südbadenbus GmbH (SBG), Bismarckallee 1, Freiburg, Tel. 07 61/36 803 88, www.suedbadenbus.de

Wassersport

Im Hochsommer können Wasserratten an etlichen Seen und Talsperren unbeschwerten Badespaß genießen. Beste Bedingungen zum Baden bieten Titisee, Schluchsee und die Schwarzenbach-Talsperre. Die beiden letzteren sind auch gute Windsurf-Reviere.

Wintersport

Gute Bedingungen für Ski alpin, Snowboard, Langlauf und Schneeschuhwandern herrschen von Dezember bis März im **Südschwarzwald**. Beliebt sind die Skiregionen Feldberg, Todtnau, Belchen, Titisee-Neustadt und Hinterzarten mit Höhenlagen von 1000–1400 m. Bei guten Schneeverhältnissen, ist der **Mittlere Schwarzwald** rund um Schonach und Schönwald ein Ziel für Langläufer mit gespurten Loipen. Im **Nordschwarzwald** bieten sich die Kammlagen an der Schwarzwaldhochstraße an, in schneearmen Wintern helfen hier Schneekanonen nach. In der gesamten Region sorgen rund 150 Lifte und Seilbahnen, zahlreiche Skischulen und Ausrüstungsverleihe für eine gute Infrastruktur.

Unter den **Fernskiwanderwegen** ist die 100 km lange Loipe von Schonach zum Belchen eine Herausforderung für gut trainierte Läufer. Streckeninformationen und Quartiernachweise hierzu bei:

Arbeitsgemeinschaft Skiwanderwege Schwarzwald e.V.

■ Haus des Gastes, Schonach, Tel. 077 22/ 96 48 10, Schneetelefon 07 00/ 33 74 36 52 63, www.fernskiwanderweg.de

Stadtführungen

In vielen Orten im Schwarzwald werden Stadt- und Erlebnisführungen angeboten. In Freiburg veranstaltet historix-tours.de thematische Stadtführungen, in Waldkirch führt u.a. des »Torwächters Weib« durch die Geschichte der Stadt (www.stadt-wald kirch.de), auf dem Belchengipfel kann dem »Geisenfidel« gelauscht werden (www.original-schwarzwald.de) und in Staufen gibt sich der Teufel persönlich die Ehre (mephisto-tour.de).

Telefon und Internet

Der Handyempfang ist im Schwarzwald im Allgemeinen gut. Es gibt aber auch abgelegene Gebiete mit schlechter Verbindung. Telefonzellen gibt es nur noch in den größeren Städten. Die meisten Hotels bieten WLAN an, in einigen Städten gibt es auch Internetcafés und öffentliche WLAN-Hotspots.

Unterkunft und Hotels

Camping

Über 80 Campingplätze gibt es in der Region, die meist reizvoll am Waldrand oder an See- und Flussufern liegen.
Eine Auswahl geprüfter Plätze bieten der jährlich erscheinende **ADAC Campingführer** und der **ADAC Stellplatzführer** (www.campingfuehrer.adac.de). Letzterer informiert umfassend über Übernachtungsmöglichkeiten für Wohnmobile und Caravangespanne. Alle Inhalte gibt es auch als App für iPhone, iPad und Android-Geräte in den Appstores von Apple und Google.
Detaillierte Auskünfte erteilt auch der: **Landesverband der Campingplatzunternehmer** in Baden-Württemberg (Untere Schloßhalde 17c, Bodman-Ludwigshafen, Tel. 07773/937519, www.camping-lcbw.de). Ausgewählte Campingplätze stellt zudem die Broschüre »Schwarzwald Camping und Caravan« vor, die kostenlos über Schwarzwald Tourismus (S. 130) zu beziehen ist.

Ferienhäuser und -wohnungen

In allen Ferienorten werden Ferienhäuser und -wohnungen vermietet. Die Touristinformationen verschicken Gastgeberverzeichnisse. Familien mit Kindern quartieren sich gern in einem der zahlreichen Schwarzwaldhöfe ein. Nähere Infos dazu bei:

Urlaub auf dem Bauernhof

■ Merzhauser Str. 111, Freiburg, Tel. 0761/27133600, www.urlaub-bauernhof.de

Hotels und Pensionen

Im Schwarzwald stehen Hotels und Pensionen aller Kategorien zur Verfügung, von der einfachen Frühstückspension bis zum noblen Luxushotel.
Die Touristinformationen der Region und der Ferienorte halten vor allem auf ihren Webseiten Verzeichnisse der Unterkünfte bereit. Die Regionalbüros Nördlicher, Mittlerer und Südlicher Schwarzwald geben außerdem jährlich Buchungskataloge mit Reservierungsservice heraus.

Naturfreundehäuser

Zahlreiche einfache, aber zweckmäßig ausgestattete Häuser bieten günstige Unterkunftsmöglichkeiten für Wanderer und Naturliebhaber.

Die Naturfreunde

■ LV Baden, Alte Weingartener Str. 37, Karlsruhe, Tel. 0721/405096, www.naturfreunde-baden.de

Vergünstigungen

SchwarzwaldCard

Im Preis für die günstige Schwarzwald-Card ist an drei frei wählbaren Tagen innerhalb der Saison (April–März) der Besuch von über 135 Museen, Thermalbädern, Freizeitparks, Bergbahnen, Skiliften und Bootsbetrieben inbegriffen (119 €, bis 12 Jahre 39,50 €, bis 3 Jahre 29 €, www.schwarzwaldcard.info). Erhältlich ist sie in Tourismusbüros, bei vielen der teilnehmenden Attraktionen oder online. Auch als SchwarzwaldCard inkl. 1 Tag Europa-Park erhältlich (238 €, bis 12 Jahre 68,50 €, bis 3 Jahre 57 €).

HochschwarzwaldCard

Die HochschwarzwaldCard gibt es bei über 380 Gastgebern ab zwei Übernachtungen. Die Karte ist einen Tag lang gültig und ermöglicht den kostenlosen Besuch von mehr als hundert Attraktionen im Schwarzwald. Sie enthält außerdem alle Vergünstigungen der Konus-Gästekarte

■ www.hochschwarzwald.de/Card

Nationalpark-Ticket

Für das Busfahren im Nationalpark Schwarzwald haben der Nationalpark und die Tarifverbünde KVV, TGO und VGF ein spezielles Fahrkartensortiment erarbeitet. Mit dem Ticket kann der Nationalpark ab 2,40 € pro Tag auch mit dem Bus erkundet und mit Wanderungen kombiniert werden.

Konus-Gästekarte

Die Konus-Gästekarte erhalten Übernachtungsgäste in mehr als 145 Gemeinden kostenlos, und zwar automatisch bei der Anmeldung an der Hotelrezeption. Damit fahren sie in allen neun Verkehrsverbünden des Schwarzwalds gratis.

■ www.hochschwarzwald.de/konus

RIT-Schwarzwald-Ticket

Mit dem Schwarzwald-Ticket können Übernachtungsgäste vergünstigt mit der Deutschen Bahn anreisen. Die RIT-Fahrkarte gibt es allerdings ausschließlich in Verbindung mit der Buchung eines touristischen Arrangements in der Region Schwarzwald mit mindestens einer Übernachtung

■ www.schwarzwald-tourismus.info/service/rit-ticket-schwarzwald

Verkehrsmittel in der Region

Öffentlicher Nahverkehr

Im Schwarzwald gibt es ein sehr gut ausgebautes Netz im Öffentlichen Nahverkehr. Über Bus-Verbindungen informiert u.a. die VSB (www.v-s-b.de). Mit der Konus-Gästekarte (s o.) können Busse und Bahnen des Öffentlichen Personen-Nahverkehrs kostenlos genutzt werden. Es gibt sehr schöne Bahnverbindungen wie die Schwarzwaldbahn.

Radfahren und E-Bikes

Für Fahrrad- und E-Bike-Fahrer gibt es in der Region herrliche Panoramastrecken. Das E-Bike-Tankstellennetz ist flächendeckend und eines der größten Deutschlands. Viele Hoteliers bieten Verleih von E-Bikes an. Die Akku-Ladestationen sind in Touristeni nformationen, bei Fahrradläden, Hotels und Restaurants angesiedelt, um einen Betrieb auch an Sonn- und Feiertagen zu gewährleisten. Mountainbiker kommen auf zahlreichen, teils professionell angelegten Strecken ebenfalls auf ihre Kosten.

Die Geschichte des Schwarzwalds

Um 4000 v. Chr. An den Randzonen des Schwarzwalds lassen sich erste Jäger und Bauern nieder.

Ab 58 v. Chr. Die Römer drängen die Kelten am Oberrhein zurück, gründen Siedlungen, u.a. an den heißen Quellen des Schwarzwalds.

868 In einer Urkunde des Klosters St.Gallen wird erstmals der Name »Saltus Svarzwald« erwähnt. Er bezeichnet den damals noch größtenteils unzugänglichen Gebirgszug nördlich des Hochrheins.

9 Jh. Mit der planmäßigen Erschließung des Schwarzwalds durch die Klöster wird der Bergbau intensiviert.

1091 Die schwäbischen Herzöge von Zähringen gründen die Stadt Freiburg im Breisgau sowie Villingen (um 1100) und Offenburg (um 1148).

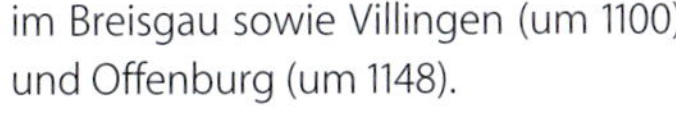

Ab 10. Jh. Die Blütezeit des Bergbaus im Schwarzwald beginnt. Der Silberbergbau im Südschwarzwald erreicht im Mittelalter seinen Höhepunkt.

1524/25 Bauernaufstände erschüttern den Schwarzwald. Die Aufstände werden blutig niedergeschlagen.

17. Jh. Die Flößerei wird zu einer wichtigen Erwerbsquelle im Schwarzwald.

1618–48 Im Laufe des Dreißigjährigen Krieges plündern französische und schwedische Truppen etliche Orte im westlichen Schwarzwald.

1688–97 Während des Pfälzischen Erbfolgekrieges ziehen französische Truppen brandschatzend durch den Schwarzwald und zerstören Städte wie Pforzheim und Offenburg.

Im 17. Jh. In den Kriegen des 17. Jh. werden die Bergbaugruben aufgegeben, ganze Regionen verarmen, ganze Bergbaustädte verschwinden.

1873 Einweihung der Schwarzwaldbahn.

1891 Wintersportler gründen in Todtnau den ersten Skiklub Deutschlands.

1999 Am zweiten Weihnachtsfeiertag fegt der Orkan »Lothar« über Süddeutschland hinweg und zerstört in kurzer Zeit 10 % des Waldbestandes.

2014 Der Nationalpark Schwarzwald wird als erster Nationalpark in Baden-Württemberg gegründet.

2018 Im Nationalpark Schwarzwald wird der Grundstein für ein neues, hochmodernes Besucher- und Informationszentrum gelegt.

Flößer auf der Kinzig, Fassadenmalerei am Rathaus von Schiltach

Alle Blickpunkt-Themen in diesem Band:

Register

Bildnachweis
Titel: Apfelblüte in Ringelbach bei Oberkirch
Foto: **Huber** (Reinhard Schmid)

stock.adobe.com: I. Balta 13.2; Uwe 49; pusteflower9024 58; S. Strange 78; katatonia 98; michael-schoch 107 – **Huber Images:** R. Schmid 4/5, 8/9, 14/15, 62, 73, 84/85, 103; H.-P. Huber 7; J. Busse 109 – **ddp images:** dapd 70 – **Jahreszeiten Verlag:** W. Schmitz 6.1; G. Knoll 9, 118; A. F. Selbach 11.1, 12.1, 12.2, 17, 18/19, 41, 94 – **Klaus Bossemeyer:** 61 – **laif:** M. Kirchgessner 21, 22, 34; M. Kirchner 52, 64/65, 67; R. Brunner 83; F. Siemers 115; T. Gerber 144.1 – **Lookphotos:** age fotostock 42; Daniel Schoenen 45; U. Böttcher 56/57; D. Schoenen 111 – **mauritius images:** imageBROKER/Daniel Schoenen 2.2; imageBROKER/Dr. W. Bahnmüller 6.3; imageBROKER/D. Schoenen 29; imageBROKER/J. Wackenhut 32; imagebroker 37; M. Mehlig 74/75; imageBROKER/Bahnmueller 77; P. Lehner 86; imageBROKER/H. Meyer zur Capellen 89; J. Warburton-Lee 90/91; imageBROKER/M. Lange 105; volkerpreusser/Alamy 117; imageBROKER/L. Schiffler 128; edpics/Alamy 136 – **schwarzwaldcamp:** 124 – **seasons. agency:** GourmetPictureGuide 30 – **Shutterstock.com:** J. Wackenhut 11.2, 24/25, 38/39, 55, 68; ProStockStudio 12.3; canadastock 13.1, 97; Gyuszko-Photo 13.3; L. Andronov 47; S. Kuelcue 51; M. Gann 79; LENS-68 112; ThomBal 121; gevision 122 – **teufelgraphics Werbeagentur:** Simon Teufel 81

Herausgeber: GRÄFE UND UNZER VERLAG GmbH, Postfach 86 03 66, 81630 München
Leitender Redakteur: Benjamin Happel
Autor: Michael Mantke, (www.erkunde-die-welt.de), Rolf Goetz
Verlagsredaktion: Nadia Turszynski (verantw.), Nora Köpp, Gernot Schnedlitz, Katja Tegler
Lektorat: Oliver Kiesow
Satz: Thomas Rach
Bildredaktion: Nora Goth
Schlusskorrektur: Dr. Valeska Henze
Reihengestaltung: Eva Stadler
Kartografie: Kunth Verlag GmbH & Co. KG, München
Herstellung: Mendy Willerich
Druck: Drukarnia Dimograf Sp z o.o. (Polen)

Ansprechpartner für den Anzeigenverkauf:
KV Kommunalverlag GmbH & Co. KG, MediaCenter München, Tel. 089/928 09 60

Ein Unternehmen der
GANSKE VERLAGSGRUPPE

ISBN 978-3-95689-434-3
1. Auflage 2018

Leserservice
adac@graefe-und-unzer.de
Tel. 00800/72 37 33 33 (gebührenfrei in D, A, CH)
Mo–Do 9–17 Uhr, Fr 9–16 Uhr

Bei Interesse an maßgeschneiderten B2B-Produkten:
gabriella.hoffmann@graefe-und-unzer.de

Unterwegs im Schwarzwald

Seilbahn-Genuss

Auf den Schauinsland, Freiburgs Hausberg, gelangt man am einfachsten und komfortabelsten mit der Schauinslandbahn, der längsten Umlaufseilbahn Deutschlands. Diese bietet nicht nur herrliche Aussicht ins Tal, sondern erspart an belebten Wochenenden auch die Parkplatzsuche auf dem Gipfel.

■ Details auf S. 100

Schwarzwaldbahn

Die Zugstrecke zwischen St. Georgen und Hausach gilt als schönster Abschnitt der Schwarzwaldbahn und als eine der aussichtsreichsten Eisenbahnstrecken in Europa. Etwa 35 Minuten purer Bahngenuss mit tollen Aussichten erwarten die Fahrgäste auf diesem Abschnitt.

■ Details auf S. 63

Wandernd unterwegs

Die schönsten Seiten des Schwarzwaldes entdeckt man beim Wandern. Die Schwarzwälder »Genießerpfade« sind besonders sichere Wanderwege, die sich jeweils einem besonderen Thema verschrieben haben. Die Routen wurden vom Deutschen Wanderinstitut mit dem Wander-Siegel ausgezeichnet.

■ Details auf S. 133 und www.schwarzwald-tourismus.info

Feldbergbahn zum Gipfel

Auf den höchsten Berg im Schwarzwald, den Feldberg, gelangt man am besten mit der Feldbergbahn, einer Kabinenbahn, in der auch Kinderwagen, Rollstühle, Fahrräder und Hunde Platz finden.

■ Details auf S. 109 und www.feldbergbahn.de